Liebe Pferdefreunde,

dies ist die erste Ausgabe unseres Pferde-Info für Baden-Württemberg. Wir bieten damit allen Interessierten einen informativen Überblick über die Pferdesport-Szene in Ihrem Bundesland. Sie finden hier eine Vielzahl attraktiver Reitanlagen, Reitställe, Reitschulen sowie Pferdehotels und -pensionen. Zusätzlich geben Ihnen unsere Werbepartner wertvolle Hinweise auf Produkte und Dienstleistungen, die für Pferd und Reiter von Nutzen sind. Ergänzt wird unser Informationsangebot durch redaktionelle Beiträge, die wichtige Themen im Bereich Pferdesport aufgreifen.

Wir sind sicher, dass auch unser Pferde-Info für Baden-Württemberg auf ein großes Interesse stoßen wird und sehr schnell das gleiche Vertrauen der Pferdeliebhaber genießt, das unserem Buch in Bayern bereits seit Jahren entgegengebracht wird.

Sollten Sie als Besitzer eines Stalles oder einer Reitanlage Interesse an einem Eintrag haben oder als Unternehmer Ihre speziellen Produkte und Dienstleistungen rund um Pferd und Reiter in der nächsten Ausgabe anbieten wollen, dann nehmen Sie bitte rechtzeitig Kontakt mit uns auf.

Als Leser wünschen wir Ihnen viel Spaß bei der Lektüre unseres Buches.

WERBEPARTNER

BÜCHER

Pferde-Info

Baden Württemberg
Auflage 2006/07
ca. 210 Seiten
3-9809952-4-0
EUR 7,80

Bayern
Auflage 2007/08
ca. 600 Seiten
3-9809952-5-9
EUR 8,90
ab Nov. 06 erhältlich

  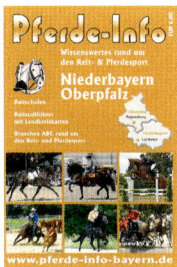 

Oberbayern
Auflage 2005/06
292 Seiten
3-9809952-0-8
EUR 6,80

Franken
Auflage 2005/06
120 Seiten
3-9809952-2-4
EUR 6,80

Niederbayern /Obpf.
Auflage 2005/06
104 Seiten
3-9809952-3-2
EUR 6,80

Schwaben
Auflage 2005/06
132 Seiten
3-9809952-1-6
EUR 6,80

Wir freuen uns, Ihnen mittlerweile verschiedene Ausgaben unseres „Pferde-Infos" anbieten zu können. Die Bücher sind erhältlich z.B. in Reitsportgeschäften, bei den Werbepartnern, im Buch- und Zeitschriftenhandel usw. oder direkt beim Verlag.

Durch Zusendung **der Schutzgebühr zzgl. € 1,45 Porto** entweder per Verrechnungsschecks oder in Briefmarken versenden wir das gewünschte Exemplar an Sie.
Bitte geben Sie Ihre genaue Anschrift an und welches Exemplar Sie wünschen.

Ihre Bestellung bitte schriftlich an:
Post: **Equi-Design · Am Marienberg 6 · 82239 Alling**
Fax: **0 81 41 / 35 75 37 · Telefon: 0 81 41 / 35 75 35**
oder per E-Mail: **info@pferdeinfo.com**

WERBEPARTNER

Ihren Pferden das Beste

Reithallen
Pferdestallungen
Reitanlagen

Bauen Sie auf

- die Kompetenz unseres Markterfolgs
- die Qualität für Ihre individuellen Ansprüche
- die Innovation im Bereich Reit-Architektur
- das hervorragende Preis-Leistungsverhältnis

Folgen Sie ihren Instinkten mit aller Konsequenz.

Bauen auch Sie auf uns. Denn wir werden mit allem schlüsselfertig.

Innovativ bauen für die Zukunft!

SCHLOSSER Holzbau GmbH, Industriestraße 17-23, 73489 Jagstzell, 0 79 67/90 90-0 Fax: 90 90-50, Mail: info@schlosser-reithallen.de, www.schlosser-reithallen.de

INHALT

Inhaltsverzeichnis:

Bücher	3
Inhalt	5
Impressum / Team	6
Redaktionelle Beiträge	9
Reitschulen	47
Voltigieren	49
Übersicht	51
Regierungsbezirk Tübingen	53
Regierungsbezirk Stuttgart	73
Regierungsbezirk Karlsruhe	111
Regierungsbezirk Freiburg	137
Auswärtige	157
Branchen ABC + Werbepartner	163

TEAM/IMPRESSUM

UNSER PFERDE-INFO TEAM

Sabine Wittmann
Gesamtredaktion
Kundenbetreuung
Anzeigenbereich

Kerstin Gburek-Bahr
Anzeigenbereich
Kundenbetreuung
Oberbayern
Baden Württemberg

Silke Buttler
Webdesign
Internetgestaltung

Manuela Burghart
Anzeigenbereich
Kundenbetreuung
Schwaben/
Baden Württemberg

Christl Horner-Kreisl
Anzeigenbereich
Kundenbetreuung

Karoline Zopf
Anzeigenbereich
Kundenbetreuung
Franken

Karl Gwosdz
Redaktion
Grafik und Text

Jutta Nutz
Anzeigenbereich
Kundenbetreuung
Büro / Versand

Impressum:

Auflage Baden Württemberg 2006/2007

Herausgeber:	Equi · Design München · Agentur für Werbung, Verlagswesen und Design Am Marienberg 6 · 82239 Alling · Tel.: 0 81 41 / 35 75 35 · Fax: 0 81 41 / 35 75 37 info@pferdeinfo.com · www.pferdeinfo.com
Landkarten:	Bundesamt für Kartographie und Geodäsie, 60598 Frankfurt am Main
Titelfotos:	u. a. Fotoagentur Dill · www.fotoagentur-dill.de
Fotos:	Equi ·Design München · Fotoagentur Dill · Reitanlagenbesitzer/Pächter
Druck:	Druckerei Mühlbauer, 81241 München

Inhaltlich sind ausdrücklich die Reitanlagenbesitzer und Reitanlagenpächter und Anzeigenkunden verantwortlich.
Alle Rechte vorbehalten. Ohne schriftliche Genehmigung des Verlages ist es nicht gestattet, dieses Buch oder Teile daraus in irgendeiner Form zu vervielfältigen oder unter Verwendung elektronischer bzw. mechanischer Systeme zu speichern, auszuwerten und zu verbreiten.

REDAKTIONELLER TEIL

www.pferdeinfo.com

REDAKTIONELLES

DIE AUSRÜSTUNG

Funktion ist wichtiger als Mode.
Wie bei jeder Sportart ist auch beim Reiten die richtige Ausrüstung das „A und O". Sie sorgt zum einen für die erforderliche Sicherheit und zum anderen für die entsprechende Funktionalität. Und beides zusammen sind die Grundlage dafür, dass sich Pferd und Reiter wohl fühlen und Spaß an der gemeinsamen Arbeit oder einem Ritt in der Natur haben.

Die Auswahl an Ausrüstung und Zubehör für den Freizeitreiter ist groß und viele stehen vor der Frage, welche Ausrüstung empfehlenswert ist und wie man die Ausrüstung seinen Anforderungen entsprechend auswählt. Ein komplexes Thema, über das es viele Bücher gibt, die einem sicher wertvolle Hinweise liefern und deren Anschaffung gerade für Reit-Anfänger empfehlenswert ist.

Eine weitere Hilfe bietet natürlich das Pferde-Fachgeschäft seines Vertrauens. Besonders vertrauenswürdig sind diejenigen, die Mitglieder im Arbeitskreis „Ausrüstung für den Reit- und Fahrsport" sind und das entsprechende Zeichen der Deutschen Reiterlichen Vereinigung (FN) führen dürfen. Aber auch in anderen seriösen und professionellen Fachgeschäften werden Sie in der Regel immer gut beraten sein, denn schließlich will man Sie als Kunden behalten.

AUSRÜSTUNG FÜR DAS PFERD

Am teuersten aber auch am wichtigsten wird der Sattel sein. Ist er doch das entscheidende Hilfsmittel zur Kommunikation zwischen Pferd und Reiter. Deshalb richtet sich die Wahl des Sattels nach der vorrangigen Nutzung des Pferdes. Wer mit seinem Pferd lediglich regelmäßig ausreiten will, braucht einen anderen Sattel als derjenige, der sich auf Dressur- Spring- oder Westernreiten spezialisieren möchte. Einen Sattel kauft man deshalb auch nicht „so nebenbei". Nehmen Sie sich viel Zeit dazu. Und nehmen Sie vor allem Ihr Pferd mit. Denn nicht nur Sie müssen im Sattel bequem und sicher auf dem Pferd sitzen, sondern der Sattel muss perfekt auf dem Pferd sitzen. Alternativ können Sie Ihren Fachhändler auch fragen, ob er zur „Anprobe" zu Ihnen in den Reitstall kommt.

Einen gebrauchten Sattel von einem anderen Reiter sollten Sie deshalb in der Regel nicht ohne weiteres kaufen, auch wenn er noch so günstig ist.

Einen nach Maß gefertigten Sattel sollten Sie sich leisten, wenn Sie ein fertiges Konfektionsmodell partout nicht passend finden.

Nicht passgenaue Sättel belasten den Pferderücken falsch und schränken die Bewegungsfreiheit von Schulter oder Wirbelsäule des Tieres ein. Zudem kommt es häufig zu Druckstellen, Hämatomen oder Entzündungen im Bereich der Rückenmuskulatur des Pferdes.

Ein passgenauer Sattel wird das Gewicht des Reiters größtmöglich verteilen und dem Pferd die Möglichkeit geben, seinen Reiter so leicht wie möglich zu tragen, bei besserer Leistung und weniger Verschleiß.

Wenn Sie Pferd und Sattel schon länger nutzen, dann sollten Sie daran denken, dass sich sowohl Ihr Pferd als auch der ehemals passende Sattel im Laufe der Zeit verändern kann. Das muss keinesfalls heißen, dass Sie gleich einen neuen Sattel benötigen. Bei vielen Sätteln ist es beispielsweise möglich, diesen weiten zu lassen. Auch können Sättel oftmals neu gepolstert werden. Fragen Sie auch in diesem Fall Ihren Fachhändler um Rat.

WERBEPARTNER

Jürgen Schmelz
Hausmoning 6 · 83317 Teisendorf
Tel.: 0 86 66 / 92 97 53 · Fax 92 97 95

www.stollenfix.de

Stollenfix für spezielle Anforderungen
Wer mit seinem Pferd auf rutschigem Untergrund arbeitet, oder wer sein Pferd häufig im Gelände einsetzt und für einen besonders sicheren Tritt sorgen will, wird bei solch speziellen Gelegenheiten Stollen in das Hufeisen einsetzen. Dabei kommt es häufig zu Problemen: die Stollenlöcher sind durch Dreck verstopft, das Gewinde ist durch die Belastung unbrauchbar geworden und wer Schutzstöpsel verwendet, muss häufig feststellen, dass diese verloren wurden oder nicht mehr zu entfernen sind.

Mit Stollenfix, einer neuen Entwicklung, die so einfach wie genial ist, gehören diese Probleme der Vergangenheit an. Stollenfix schützt das Gewinde durch eine verschleißfeste Schraube. So können Stollen jederzeit leicht eingesetzt oder entfernt werden.

Sprechen Sie mit Ihrem Hufschmied beim nächsten Beschlag über Stollenfix oder informieren Sie sich im Internet: **www.stollenfix.de**

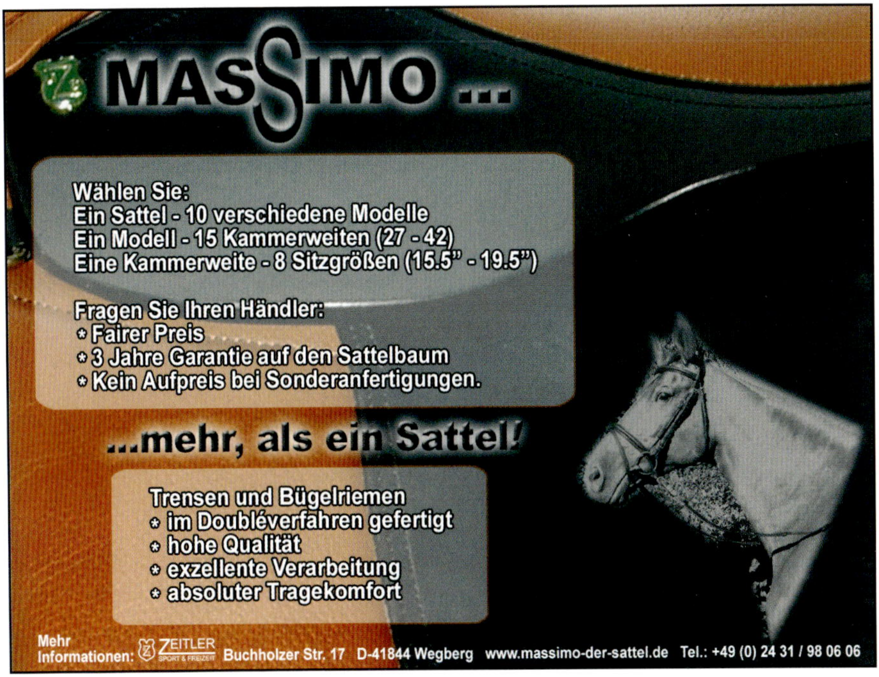

MASSIMO ...

Wählen Sie:
Ein Sattel - 10 verschiedene Modelle
Ein Modell - 15 Kammerweiten (27 - 42)
Eine Kammerweite - 8 Sitzgrößen (15.5" - 19.5")

Fragen Sie Ihren Händler:
* Fairer Preis
* 3 Jahre Garantie auf den Sattelbaum
* Kein Aufpreis bei Sonderanfertigungen.

...mehr, als ein Sattel!

Trensen und Bügelriemen
* im Doublèverfahren gefertigt
* hohe Qualität
* exzellente Verarbeitung
* absoluter Tragekomfort

Mehr Informationen: ZEITLER SPORT & FREIZEIT · Buchholzer Str. 17 · D-41844 Wegberg · www.massimo-der-sattel.de · Tel.: +49 (0) 24 31 / 98 06 06

REDAKTIONELLES

Woran können Sie erkennen, dass der Sattel Ihrem Pferd nicht (mehr) passt? Je nach Art und stärke der Beeinträchtigung wird das Pferd reagieren, zum Beispiel durch

- ein Nachlassen der Lust an der Arbeit,
- das Wegdrücken oder Hochhalten des Kopfes,
- kurze Gänge oder sogenanntes spanniges Gehen,
- eine nicht mehr taktreine Gangart oder gar Lahmheit,
- das Weglaufen des Pferdes unter dem Reiter,
- bocken oder steigen,
- Unmutsäußerungen des Pferdes wie Drohen, Zähne knirschen oder ähnlichem während des Sattelns.

Diese Verhaltensweisen sind häufig Anzeichen für einen nicht passenden Sattel, können aber selbstverständlich auch andere Ursachen haben.

In Verbindung mit dem Sattel sind Sattelgurt, Steigbügelriemen und die Steigbügel selbst auszuwählen. Zur weiteren Ausrüstung des Pferdes gehört natürlich die Sattelunterlage. Hier entscheidet eher der Geschmack des Reiters, denn heutzutage ist davon auszugehen, dass jedes angebotene Modell pferdegerecht ist.

Ähnlich speziell wie der Sattel für die Art der Pferdenutzung ausgesucht werden muss, sind auch Trense und Trensenzaum entsprechend zu wählen, sowohl in punkto Anwendung als auch in punkto Sitz. Alternativ können Kandarenzaum mit entsprechendem Vorderzeug zum Einsatz kommen. Ihr Fachhändler wird Ihnen auch hier entscheidende Unterstützung beim Kauf geben.

Zur Ausrüstung Ihres Pferdes gehört weiterhin das passende Werkzeug zur Pflege, sofern dieses nicht vom Reitstall zur Verfügung gestellt wird,

oder Sie Ihre eigenen Produkte insbesondere zur Fell- und Hufpflege nutzen wollen. Fachgeschäfte für Pferdesport aber auch der Land- und Zoohandel bieten ein breites Sortiment.

Ihr Pferd sollte damit fürs erste gut gerüstet sein. Weiteres Zubehör wie Gamaschen bzw. Streichkappen oder eine schützende Decke können bei Bedarf die Ausrüstung ergänzen.

Für individuelle Anforderungen hält der Handel zahlreiche weitere Ausrüstungsprodukte bereit.

AUSRÜSTUNG FÜR DEN REITER

Genauso wichtig wie für das Pferd ist der Sattel auch für den Reiter. Er ist nicht bloß Sitzgelegenheit, sondern die Basis für die Kommunikation mit dem Pferd und das Eingehen in die Bewegung. Pferd und Reiter bilden im Idealfall eine Bewegungseinheit mit dem Sattel als Bindeglied. Kommt es beim Reiten zu Rückenschmerzen, dann sollte zunächst die Belastung der Wirbelsäule und der stützenden Muskulatur überprüft werden. Nur wer losgelassen und ausbalanciert im Sattel sitzt, ist in der Lage mit der Bewegung zu schwingen und diese positiv zu nutzen. Zudem verringern sich so der Krafteinsatz und die Belastung des Reiters.

Neben dem Sattel ist für den Reiter die sportgerechte Kleidung der wichtigste Teil seiner Ausrüstung. Die Stiefel schützen das Bein und geben zusätzlichen Halt im Sattel. Ob Sie sich für Lederstiefel oder für die preiswerteren Reitstiefel aus Gummi entscheiden hängt nicht zuletzt von Ihrem Geldbeutel ab und auch davon, wie intensiv Sie den Reitsport pflegen. Doch welche Stiefelart auch gewählt wird, er muss passen und darf nicht drücken, da sonst ein Ritt schnell zur Qual wird.

Sitz und Passform sind auch für die Reithose entscheidend. Falten würden zum sogenannten „Aufreiten" führen und ein Wundscheuern der Haut zur Folge haben.

REDAKTIONELLES

Die weitere Kleidung wird vom Wetter und der Tageszeit abhängen und sollte immer zweckmäßig und bequem sein.

Ein unbedingtes Muss beim Reitsport sind Reitkappe und Reithandschuhe, denn Sie dienen der Sicherheit des Reiters. Die Reitkappe dient vor allem dazu den Kopf bei Stürzen zu schützen. Die Reithandschuhe sollen in erster Linie die Zügelführung sicherer machen. Zusätzlich sollen Sie vor Verletzungen der Hände schützen (Aufscheuern) und ein Klammwerden der Finger bei Regen und Kälte verhindern. Der passionierte Reiter wird deshalb auch mehrere unterschiedliche Handschuhe besitzen und je nach Wetterlage nutzen.

Weitere Ausrüstungsgegenstände können beispielsweise Sporen oder eine Reitgerte sein. Beides sollte aber erfahrenen Reitern vorbehalten bleiben.

Wer auch mal nachts mit seinem Pferd unterwegs ist, sollte auf jeden Fall eine reflektierende Warnweste tragen. Zusätzliche Warnleuchten, die am Stiefel angebracht und nach vorne weißes und nach hinten rotes Licht ausstrahlen sind genauso dringend zu empfehlen wie weitere Reflektoren, zum Beispiel am Helm, an den Steigbügeln oder an den Gamaschen der Pferdebeine. Je mehr Auffälligkeit bei Dunkelheit umso sicherer sind Sie und Ihr Pferd unterwegs.

Noch ein Tipp für Brillenträger: Achten Sie auf den festen Sitz der Brille – auch bei Sonnenbrillen. Die Verwendung spezieller Sportbrillen, die zum einen bruchfest sind und zum anderen durch entsprechende Bügel festen Halt garantieren, ist empfehlenswert.

www.pferdeinfo.com

WERBEPARTNER

www.back-on-track.de

InfraRot-Textilien

...nicht nur gegen **Gelenkschmerzen** und **Muskelverspannungen**...

erhöhte Durchblutung löst Verspannungen

Infrarot lässt Gallen verschwinden

BACK ON TRACK TEXTILES

Was bewirkt Back on Track?
- **lindert** Schmerzen
- **löst** Muskelverspannungen
- **steigert** die Durchblutung
- bewirkt **schnellere** Heilung von Verletzungen und Entzündungen
- **beugt** Verletzungen **vor**

Wofür setze ich es ein?
- **T-Shirt** gegen Kopf- und Rückenschmerzen durch Muskelverspannungen
- bei **Sehnen-, Bänder-** oder **Muskelverletzungen** und **Entzündungen** als unterstützende Maßnahme
- **Schoner** bei **Gelenksproblemen** z.B. **Arthrose, Verschleißerscheinungen** wie Bandscheibenproblemen
- bei **Durchblutungsstörungen**, z.B. Diabetes
- **vorbeugend**, um Verletzungen zu vermeiden, z.B. während der Aufwärmphase im Sport

Für wen gibt es Back on Track?
Für Menschen, Pferde und Hunde

vorher
nach ca. 30 Minuten

vorher
Back on Track
nach ca. 4 Wochen

nur durch die eigene Körperwärme ohne Steckdose oder Akku
einfach anziehen - fertig - jederzeit - überall

Back on Track - CETUS GmbH
Einfeld 7   D-84434 Kirchberg   Tel.: 08762/7291-0   Fax: 08762/7291-20

REDAKTIONELLES

DIE FÜTTERUNG

So fühlt sich Ihr Pferd rundum wohl.

Im Sommer eine große Weide mit frischem Gras, im Winter viel Heu, zwischendurch etwas Hafer und zur Belohnung ein Stück Würfelzucker – da sollte sich ein Pferd wie im Paradies fühlen. Doch so einfach ist es nicht. Gesundheit und Wohlergehen Ihres Pferdes sind in hohem Maße auch von der richtigen Fütterung abhängig. Aber: welches Futter ist für mein Pferd am besten geeignet? Und in welchen Mengen?

Eines vorweg: Allgemeingültige Regeln oder Standards für die Fütterung eines Pferdes kann es nicht geben. Wie beim Menschen sind auch bei unseren Pferden einige Faktoren ausschlaggebend, die entscheidenden Einfluss auf den Energiebedarf haben. Rasse und Typ spielen ebenso eine Rolle wie das Alter, die Haltung oder die Nutzung. Deshalb ist es gar nicht so einfach die tägliche Futtermenge individuell auf das einzelne Tier abzustimmen. Zuviel oder zuwenig kann auf die Dauer genauso zu gesundheitlichen Problemen führen, wie einseitige Ernährung. Am besten ist es also, wenn Sie sich von Ihrem Tierarzt über die richtige Futtermenge und die ideale Zusammensetzung individuell für Ihr Pferd beraten lassen.

RAUHFUTTER:
ACHTEN SIE AUF DIE QUALITÄT

Der Hauptanteil an der täglichen Futterration ist in der Regel das so genannte Rauhfutter: Heu, Silage und Stroh. Diese verfügen über einen hohen Rohfasergehalt und tragen deshalb entscheidend zu einer intakten Funktion des gesamten Verdauungstraktes Ihres Pferdes bei.
Ein Problem in der Praxis ist die Beurteilung der Qualität dieses Grundfutters. Eine schlechte Qualität kann bei Pferden ernsthafte gesundheitliche Folgen haben, wie Koliken, Durchfall, Atemwegserkrankungen, allergische Reaktionen, Hautprobleme und anderes mehr.
Anhand einfacher Merkmale lässt sich die Qualität des jeweiligen Grundfutters leichter beurteilen.

- Heu sollte stets frisch und grün aussehen, angenehm riechen und sich rauh und absolut trocken anfühlen. Verunreinigungen wie Staub (Schimmelpilze), Erde und Strohanteile sind Anzeichen einer unzureichenden Futterqualität.

- Silage eignet sich besonders für Pferde mit Staubalergien und Problemen des Atemtraktes. Man unterscheidet zwischen Anwelksilage und Heulage: Gute Anwelksilage ist von grüner Farbe, gute Heulage ist hellgrün, riecht aromatisch, angenehm säuerlich bis brotartig und fühlt sich griffig an (ähnlich wie Heu). Ebenso wie Heu enthält Qualitäts-Silage keine Verschmutzungen sowie faulige oder weißliche Stellen. Bei Pferden mit Verdauungsproblemen bzw. bei kolikanfälligen Pferden ist Silage jedoch weniger geeignet.

- Stroh kann teilweise als Heu-Ersatz dienen. Es hat einen deutlich geringeren Nährstoffgehalt und geringere Verdaulichkeit und ist deshalb bestens geeignet, um ein Sättigungsgefühl zu erreichen und als Beschäftigung für das Pferd. Es kann bei einem geringen Angebot an anderen Rohfaserquellen (z.B. bei Weidegang) zur Erhaltung einer intakten Dickdarmflora beitragen. Hochwertiges Stroh ist gelblich, riecht frisch und nicht muffig, ist rauh und enthält selbstverständlich ebenfalls keinerlei Verunreinigungen.

GRÜNFUTTER:
DER RICHTIGE UMGANG MIT DER WEIDE

Frisches, saftiges Gras in Hülle und Fülle – Ihr Pferd freut's, aber ob es ihm auch nützt? Manche Pferde auf fetter Weide können nämlich schnell zu viel Fett ansetzen. Gras wird zwar allgemein zum Rauhfutter gezählt, hat aber in der Regel einen geringen Rohfaseranteil und einen hohen Eiweißanteil, der zur Gewichtszunahme führen kann. Ein anderes Problem bei zuviel Gras: Es kann durch das im Gras enthaltene Fruktan zur sogenannten Hufrehe kommen. Wenn Sie allerdings einige einfache Regeln beachten, dann

WERBEPARTNER

swissHORSE HEULAGE — Die Heualternative!

Entstaubtes Raufutter mit 60-70% Trockensubstanz

Keine Schimmel- und Hefepilze

Für
- Husten-Patienten
- Lungen-Patienten
- Allergie-Patienten
- Kolik-Patienten
- Senioren-Pferde
- Sport-Pferde

Swiss Horse Heulage, Grundwiesenweg 38, 74523 Schwäbisch Hall
Tel.: 0173 - 871 14 74 oder 0791 / 49 94 97 97
Fax: 0791 / 49 94 97 98 www.heulage.com

Das entstaubte Raufutter – die Heualternative!

swissHORSE HEULAGE

Für Pferde mit Atemwegserkrankungen, Koliken, Lungenproblemen, Allergien, Seniorenpferde, Sportpferde

Swiss Heulage wurde vor ca. 8 Jahren in der Schweiz in Zusammenarbeit mit Professor Schatzmann, Universitätsspital Bern, sowie der eidgenössischen Forschungsanstalt für Futtermittel und dem Produzenten entwickelt. Das Produkt wird immer noch in der Schweiz produziert und nach einer definierten Methode, mit Vertragslandwirten als Ackersaat angebaut. Es wird nur der 1. und 2. Schnitt verarbeitet.

Das Produkt weist die höchste Trockensubstanz auf, welche es in kleinen Ballen von 20 kg im Moment auf dem Markt gibt, TS um die 70%, sowie einen niedrigen Eiweißgehalt. Es kann keine Schimmel- und Hefepilze entwickeln. Swiss Heulage ist auch frei von Giftpflanzen, Abfall, Hundekot und Kadaver (doppelte Prüfung der Waren). Je strukturreicher/langfristiger und trockener ein Raufutter, desto besser für Pferde, insbesondere auch Vorbeugung und Behandlung bei Koliken. Diese Heulage ist zusätzlich maschinell entstaubt

und vakuum in einer durchsichtigen, sauerstoffsperrenden Folie verarbeitet. Eine Umstellungsphase der Tiere ist aufgrund der Hochwertigkeit nicht erforderlich.
Die Erfolge bei der Ausheilung von Atemwegserkrankungen sind enorm und sofort bemerkbar. Durch die Generalvertretung in Deutschland ist es möglich, das Produkt in ganz Deutschland zu erhalten. Swiss Horse Heulage war auch in Athen bei den Olympischen Spielen dabei. Martin Schaudt füttert seinem Spitzenpferd Weltall nur das beste Raufutter.

Kontakt: Swiss Horse Heulage · 74523 Schwäbisch Hall · Tel. 07 91/49 94 97 97
Mobil 0173/8 71 14 74 · Fax 07 91/49 94 97 98 oder unter www.heulage.com

REDAKTIONELLES

können Sie Ihrem Pferd die Freuden eines Weide-Aufenthaltes unbesorgt gönnen.

- Nach dem Winter mit anhaltender, rohfaserreicher Stallfütterung, sollten Sie Ihr Pferd langsam an das Grasfutter gewöhnen. Steigern Sie beispielsweise einfach über einen Zeitraum von ca. 3 Wochen nach und nach die tägliche Aufenthaltsdauer auf der Weide.
- Sollte Ihr Pferd bei ganztägiger Weidehaltung an Gewicht zunehmen, reduzieren Sie die Aufenthaltsdauer.
- Gras enthält relativ viel Eiweiß. Bei leichter bis mittlerer Arbeitsbelastung Ihres Pferdes ist zusätzliches Kraftfutter (z.B. Hafer) bei Weidegang deshalb in der Regel nicht erforderlich. Jedoch ist die Versorgung mit Mineralstoffen, Vitaminen und Spurenelementen in manchen Fällen unzureichend. Ob entsprechende Weideergänzung erforderlich ist und in welchen Mengen sollten Sie mit Ihrem Tierarzt besprechen.

KRAFTFUTTER: WENIGER IST OFT MEHR

Warum ist ein Pferd „vom Hafer gestochen"? Hafer ist wie anderes Futtergetreide (z.B. Gerste oder Mais) reine Energie und deshalb für Freizeitpferde meistens nicht erforderlich. Mit einer Extra-Portion dieses Kraftfutters tun Sie also in der Regel weder Ihrem Pferd noch sich selbst etwas Gutes. Denn wenn diese Energie nicht durch Arbeit wieder abgebaut wird, dann werden Pferde häufig nervös, unruhig oder übermütig – also „vom Hafer gestochen".

Wer jedoch beispielsweise nach einem anstrengenden Turnier oder einem extralangen Ausritt seinem Pferd die verbrauchte Energie zurückgeben möchte, kann Hafer (auch Gerste oder Mais) zufüttern. Dabei ist auch hier auf eine Top-Qualität des Kraftfutters zu achten:

- Je größer und runder ein Haferkorn desto höher der Energiegehalt und umso geringer der Eiweißgehalt.
- Vorsicht bei grauen Belägen oder graubraunen Farbveränderungen (möglicher Schimmelbefall).
- Halbieren Sie ein Haferkorn. Hellweiße Färbung ist ein Merkmal guter Qualität.
- Machen Sie die Kauprobe. Hafer sollte zunächst mehlig-nussig schmecken, später süßlich. Bitterer Geschmack deutet auf Schimmelbefall oder andere Qualitätsmängel hin.
- Gerste und Mais haben eine relativ geringe Verdaulichkeit. Sie sollten daher nur fein geschrotet oder hydrothermisch aufgeschlossen verfüttert werden.
- Überhöhte Getreide-Fütterung kann ebenfalls Hufrehe auslösen!

LECKERLIS: AUCH IHR PFERD WILL BELOHNT WERDEN

Pferde mit Zuckerstücken zu belohnen ist alles andere als artgerecht. Mit Äpfeln oder Möhren tun Sie Ihrem Pferd mit Sicherheit mehr Gutes. Achten Sie allerdings darauf, dass Sie diese Leckerlis nicht zu häufig oder in zu großen Mengen einsetzen. Zu viele Äpfel können zudem im Pferdemagen gären und schmerzhafte Koliken auslösen. Und Möhren sollten Sie stets nur in kleineren Stücken füttern, damit diese sich nicht in der Speiseröhre des Pferdes ‚verhaken' können.

Sie können Ihr Pferd beispielsweise auch mit speziellen Pferdesticks, Cakes, Müslis oder Dragées verwöhnen. Die kosten zwar mehr als Äpfel oder Möhren, bieten aber häufig den Vorteil, dass das Tier gleichzeitig mit Mineralien, Vitaminen und Spurenelementen versorgt wird.

IHRE BEZUGSQUELLE: DER QUALIFIZIERTE FACHHANDEL

Als Pferdehalter sind Sie also gut beraten, wenn Sie zuerst am klassischen Fütterungsmix aus Heu (Stroh), Gras und im Bedarfsfall zusätzlichem Getreide (Hafer, Gerste, Mais) festhalten, die Sie beispielsweise über den örtlichen Landhandel (Genossenschaften) in der Regel in bester Qualität beziehen können. Dort werden Sie meistens auch qualifiziert beraten.

Nur im Spezialfall sollten Sie auf spezielle Futtermittel der namhaften Hersteller zurückgreifen. Beispielsweise bei der Aufzucht von Fohlen, der Unterversorgung mit Mineralien, Spurenelementen oder Vitaminen, oder bei besonderer Beanspruchung Ihres Pferdes im Sport oder im Arbeitseinsatz. Dabei sollten Sie stets den Rat Ihres Tierarztes einholen.

WERBEPARTNER

INNOVATIVES FÜTTERUNGSKONZEPT VON SALVANA

Weil intensive Landwirtschaft wesentlich höhere Erträge pro Hektar Acker- oder Grünland erwirtschaftet, kann der Gehalt an Mineralstoffen, Vitaminen, Spurenelementen und Nährstoffen im Futter einseitig oder zu gering sein.

Hier hilft das SALVANA-Sortiment "RUND UM'S PFERD". Es wird gezielt und bedarfsorientiert immer genau dort eingesetzt, wo es gebraucht wird. Es ist einfach und sicher in der Anwendung und seit Jahren praxiserprobt und erfolgreich. Es wird unter Verwendung hochwertiger Rohstoffe nach strengen Qualitätskriterien hergestellt, laufend überprüft und neusten wissenschaftlichen Erkenntnissen angepasst. Bei den Produktformen achten wir auf Staubfreiheit, um so dem Problem der Atemwegsallergien entgegenzuwirken.

SALVANA unterstützt Sie mit Produkten für
· Aufzucht von Fohlen u. Jungpferden
· Vitamin- / Mineralversorgung
· Sport, Zucht und Freizeit
· Belohnung / Vitaminergänzung

Unsere Produkte können Sie, in Reitsport-Fachgeschäften, bei Genossenschaften, in Grünen Warenhäusern oder dem Zoofachhandel in Ihrer Nähe beziehen. Bei Bedarf nennen wir Ihnen auch gern die Bezugsquellen in Ihrer Nähe.
Eine wertvolle Orientierung bietet Ihnen auch der SALVANA-FUTTERPLAN mit Rationsbeispielen für alle Alters- und Leistungsgruppen. **Fordern Sie ihn an!** www.salvana.de

WERBEPARTNER

ERGÄNZUNGSFUTTER FÜR GESUNDES HUFWACHSTUM

Die Hufe sind bei vielen Pferden ein Problembereich, der besondere Aufmerksamkeit erfordert. Mit den Produkten von „Life Data Labs Inc." können Sie aktiv etwas für die Hufpflege Ihres Pferdes tun. Mit Farrier's Formula® als Ergänzungsfutter mit ausbalancierten Inhaltsstoffen fördern Sie das gesunde Hufwachstum. Pferde mit Hufproblemen sprechen auf die Kombination der essentiellen Nährstoffe in Farrier's Formula® besonders gut an und bilden bereits nach wenigen Wochen gesundes Hufhorn.

Farrier's Formula® fördert den Aufbau von gut strukturiertem, fest-elastischem Hufhorn und bewirkt dadurch eine natürliche Resistenz gegen Austrocknung und Hornbrüche. Die gute Wirkung von Farrier's Formula® zeigt sich bereits nach zwei bis vier Wochen an einem besseren Haarkleid mit deutlich intensiveren Farben als zuvor. Die ersten Erfolge an den Hufen werden 7 bis 10 Wochen nach der Zufütterung sichtbar.

Für Pferde mit gesunden Hufen sorgt Farrier's Formula® dafür, dass dies auch dauerhaft so bleibt.

KOMPETENZ IN FORSCHUNG UND PRODUKTION

Dr. Frank Gravlee, der Gründer von Life Data Labs, Inc. ist ausgebildeter Tierarzt und Spezialist für Pferdeernährung. Nach seinem Diplom-Abschluss an der Veterinärmedizinischen Hochschule Auburn, USA, praktizierte er mehrere Jahre als Tierarzt, bevor er am MIT (Massachusetts Institute for Technology) sein Diplom in Ernährungsbiochemie und Zwischenstoffwechsel erwarb. Dr. Gravlee arbeitete weitere sechs Jahre im Bereich ernährungswissenschaftliche und klinische Pathologie am MIT.

Er ist Autor zahlreicher Arbeiten über den Zusammenhang fütterungsbedingter Probleme und den sich daraus ergebenden labordiagnostischen Erkenntnissen. Life Data Labs, Inc. ist als Familienunternehmen seit 30 Jahren erfolgreich am Markt vertreten.

SOFORTHILFE BEI PILZ- UND BAKTERIENBEFALL AM HUF

Hornzersetzende Bakterien und Pilze können auch bei optimalen Bedingungen durch Spalten oder Risse in der Hornsubstanz ins Hufinnere gelangen und Krankheiten wie Strahlfäule oder Erkrankungen der weißen Linie hervorrufen.

Hoof Desinfectant von Life Data Labs Inc. bekämpft Fäulnisherde im Hufhorn wirksam und mit Tiefenwirkung: Die darin enthaltene Kombination aus Teebaumöl und einer Povidon-Jodlösung dringt tief ins Wandhorn ein und eliminiert die schädigenden Faktoren dort, wo sie entstehen. Infektionen werden somit schon im Ansatz gestoppt.

Die Wirksamkeit von Hoof Desinfectant ist durch unabhängige wissenschaftliche Studien eindeutig belegt.

HUF-PFLEGE AUF NATÜRLICHER BASIS

Zur Pflege und Gesunderhaltung der Hufe empfiehlt Life Data Labs Inc. sein Produkt The Right Step, ein Huf-Pflegemittel auf natürlicher Basis. Die einzigartige Rezeptur aus natürlichen Wachsen und Harzen sorgt für eine optimale Feuchtigkeitsbalance innerhalb der Hufkapsel. Das Hufhorn wird mit einer feinen Schutzschicht überzogen, das Pflegemittel schützt den Huf mit natürlichen, antibakteriellen Wirkstoffen und kommt ohne belastende chemische Substanzen aus.

Im Gegensatz zu etlichen anderen Pflegemitteln hinterlässt The Right Step keine Teer- oder Petroleumrückstände. Die Gesundheit des Hufes und seine Anpassungsfähigkeit und Flexibilität von außen wird deutlich gestärkt. Sauerstoff kann ungehindert ein- und austreten, dadurch wird der Huf weder ausgetrocknet noch aufgeweicht. Alkalische Einflüsse werden neutralisiert, was das Eindringen von Bakterien oder Pilzen effektiv verhindert.

WERBEPARTNER

Farrier's Formula®

The Original
Hoof Supplement since 1983

Life Data Labs
Forschungslabor

Life Data Labs
Forschungsfarm

Life Data Labs
Produktionsanlage

Dr. Frank Gravlee, Gründer von Life Data Labs, entwickelte Farrier's Formula.

FARRIER'S FORMULA®
Das Zusammenwirken von ausbalancierten natürlichen Inhaltsstoffen fördert ein gesundes Hufwachstum.

LIFE DATA HOOF DISINFECTANT™
Zerstört die Bakterien, die Strahlfäule und Erkrankungen der Weißen Linie verursachen.

THE RIGHT STEP®
Dringt in die Hufwand ein und hält den Huf elastisch, ohne schädliche Rückstände zu hinterlassen.

Sprechen Sie mit Ihrem Tierarzt oder Hufschmied oder wenden Sie sich an

Karen Zetsche
Commercial Agent für Life Data Labs
www.lifedatalabs.de

Life Data
L A B S, I N C.

Tel +49 (0) 40/86 62 92 25
Fax +49 (0) 40/86 62 39 98
kzetsche@lifedatalabs.de

IMPF- WURMPLAN

Impfprophylaxe bei Pferden nach Prof. Dr. Dr. habil. Peter Thein

Impfungen bieten Schutz vor Infektionskrankheiten. Diese freiwilligen Möglichkeiten der Gesundheitsprophylaxe sollte jeder Pferdebesitzer deshalb auf jeden Fall durchführen lassen. Neben den freiwilligen Impfungen gibt es auch eine Impfpflicht für Turnierpferde gegen die sogenannte Pferdegrippe (Equine Influenza). Am besten, Sie fragen Ihren Tierarzt. Er berät Sie ausführlich darüber, welche Impfungen wann gegen welche Gefahren für Ihr Pferd durchzuführen sind.

DIE HÄUFIGSTEN INFEKTIONSKRANKHEITEN BEIM PFERD

Pferdeinfluenza
Eine Infektion der Atemwege, die hochgradig ansteckend ist. Das Virus gelangt durch die Atmung ins Blut und schädigt Bronchien und Lunge.

Tollwut
Die Infektion erfolgt durch Speichel in dem sich der Erreger befindet - z.B. durch den Biss eines Fuchses auf der Weide. Das Virus schädigt vor allem das Gehirn.

Tetanus
Tetanus oder auch Wundstarrkrampf verläuft fast immer tödlich. Tetanus wird durch Bakterien übertragen, die fast überall im Boden und in der Umgebung des Pferdes zu finden sind. Bereits durch winzige Verletzungen kann der Erreger in den Blutkreislauf gelangen und ein Krampfen der Muskulatur auslösen.

Pferdeherpes
Pferdeherpesviren können im Zusammenwirken mit anderen Faktoren zu Atemwegsinfektionen führen. Einmal infizierte Tiere bleiben latente Träger der Viren, werden bei Streß zu Ausscheidern und können selbst erkranken.

Vorschlag für einen Impfplan beim Pferd

Impfzeitpunkte Fohlen (X)	Tetanus	Influenza und Herpesimpfstoffe	Lebendimpfstoff Herpes (Virusabort)	Tollwut Impfstoff	Impfzeitpunkte Zuchtstuten (O)
3. Lebensmonat			X		
5. Lebensmonat		X	X		
6 Lebensmonat	X			X	
7. Lebensmonat		X			
8./9. Lebensmonat	X				
13./14. Lebensmonat		X	X		
			O		4. Trächtigkeitsmonat
			O		8. Trächtigkeitsmonat
	O	O		O	9. Trächtigkeitsmonat
		O			Wiederholungsimpfung alle 6 Monate
			O		Wiederholungsimpfung alle 9 Monate
				O	Wiederholungsimpfung nach 1 Jahr
	O				Wiederholungsimpfung nach 2 Jahren

SCHUTZ VOR WURMBEFALL BEIM PFERD

Gerade auf der Weide droht unseren Pferden eine besondere Gefahr. Mit der Aufnahme von Gras können Magen-Darm-Würmer in den Körper der Tiere gelangen und ihre Gesundheit extrem gefährden. Diese Würmer schwächen das Pferd. Es magert zusehends ab, es kommt zu chronischen Verdauungsstörungen, das Haarkleid wird stumpf, und bei Fohlen zeigen sich deutliche Entwicklungsstörungen. Lebensgefährliche Koliken, Darmentzündungen und starke Schädigungen der Gefäße können als schwerwiegende Folgen eines Wurmbefalls auftreten. Nicht selten führt der Befall mit seinen Folgeerkrankungen zum Tod.

Ein weiteres, zunehmendes Problem ist der Pferdebandwurm, da er nur äußerst schwierig zu diagnostizieren ist. Die Pfizer Pharma GmbH nennt auf ihrer Internetseite (www.tiergesundheit.com) eine Untersuchung in der Schweiz, nach der die Kotproben nur zu 5,8 % positiv waren, bei Autopsien sich aber eine Befallsrate von 76 % der Pferde ergab.

Durch eine regelmäßige Entwurmung können verantwortungsbewusste Pferdehalter ihre Tiere vor diesen Gefahren schützen. Gleichzeitig wird die Anzahl der Parasiten auf den Weideflächen reduziert und die erneute Infektionsgefahr vermindert.

Wichtig ist hierbei die richtige Auswahl des Entwurmungsmittels, da es Wurmarten gibt, die Resistenzen gegenüber Entwurmungsmitteln erlangt haben. Darüber hinaus gibt es nach Angaben von Pfizer zurzeit in Deutschland nur ein offiziell zugelassenes Präparat zur Bandwurmbehandlung.

Ihre Strategie im Kampf gegen Parasiten
Es empfiehlt sich, Fohlen vom 10. Tag an bis zum Alter von 8 Wochen einmal wöchentlich gegen Zwergfadenwürmer zu entwurmen. Danach sollten sie generell wie Jährlinge, Stuten (auch tragende) und alle anderen Pferde während der Weidesaison alle 6 - 8 Wochen gegen Spulwürmer, kleine Strongyliden (Blutwürmer) und Pfriemenschwänze entwurmt werden. Zusätzlich empfiehlt man, die Pferde mindestens 2 x jährlich (vor der Weidesaison und im Oktober/November) gezielt gegen Pferdebandwürmer zu behandeln. Im November ist noch an eine Behandlung gegen Magendasseln zu denken. Fragen Sie in jedem Fall vorher Ihren Tierarzt nach den richtigen Präparaten!

Was Sie sonst noch tun können
Begleitende Maßnahmen für eine optimale Hygiene von Stall und Weide sorgen zusätzlich dafür, dass ihr Pferd leistungsstark und gesund bleibt:

· Kothaufen regelmäßig von der Weide absammeln (mindestens 1 x pro Woche)
· Nicht zu viele Pferde auf der Weide (max. 2 Pferde pro ha)
· wechselnde Weidenutzung mit anderen Tierarten
· Mähen der Weide (Gras bzw. Heu entfernen)
· Tiefstreu in Boxen vermeiden und Boxen trocken halten
· 1 - 2 x pro Jahr gründliche Boxenreinigung (Dampfstrahlgerät)

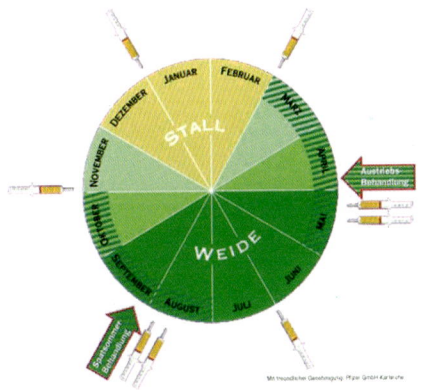

REDAKTIONELLES

DIE PFERDEHALTUNG

Artgerecht und dem Tierschutz entsprechend.

Sich ein Pferd zu kaufen, bedeutet sehr viel Verantwortung zu übernehmen. Deutlich mehr als jedes andere Haustier fordert ein Pferd seinen Besitzer, sowohl in punkto Zeitaufwand, als auch bei den Kosten. Egal, ob es sich um kleine oder große Pferde handelt.

Wie jedes Tier müssen auch Pferde stets artgerecht gehalten werden. Ein Pferd, ob groß oder klein für den „Hausgebrauch" im Garten herumlaufen zu lassen und in irgendeinem Verschlag unterzubringen ist nicht artgerecht, sondern strafbar. Denn auch für die Pferdehaltung gelten grundsätzlich die Bestimmungen des Tierschutzgesetzes. Und dort ist gerade für die Pferdehaltung vieles genau geregelt. Darüber hinaus gibt es spezielle Leitlinien extra für tierschutzgerechte Pferdehaltung.

Die vollständige Fassung dieser Leitlinien kann unentgeltlich beim Bundesministerium für Ernährung, Landwirtschaft und Verbraucherschutz, (BMELV), Rochusstraße 1, Referat Tierschutz, 53123 Bonn, bezogen werden.

DIE WICHTIGSTEN PUNKTE IM ÜBERBLICK

Nach § 2 des Tierschutzgesetzes muss, wer ein Tier hält, es seiner Art und seinen Bedürfnissen entsprechend angemessen ernähren, pflegen und verhaltensgerecht unterbringen, und er darf die Möglichkeit des Tieres zu artgemäßer Bewegung nicht so einschränken, dass ihm Schmerzen, vermeidbare Leiden oder Schäden zugefügt werden.

Die Häufigkeit von Erkrankungen und Dauerschäden bei Pferden in deutschen Ställen lässt jedoch vermuten, dass diese Bestimmungen nicht immer ausreichend beachtet werden und auch die Nutzung vieler Pferde nicht tierschutzgerecht ist.

- **Vermeidung von Schmerzen, Leiden und Schäden**
Ställe, Stalleinrichtungen und Einfriedungen für Auslauf und Weiden sowie Gegenstände, mit denen die Pferde in Berührung kommen,

müssen aus gesundheitsunschädlichem Material bestehen und so beschaffen sein bzw. angewendet werden, dass sie bei Pferden nicht zu Schmerzen oder vermeidbaren Leiden oder Schäden führen können.

- **Soziale Kontakte**
Pferde sind in Gruppen lebende Tiere, für die soziale Kontakte unerlässlich sind. Das Halten eines einzelnen Pferdes ohne Kontakte zu Artgenossen oder anderen Tieren, die als soziale Partner geeignet sind, ist nicht verhaltensgerecht. Das Haltungssystem soll die Kontaktmöglichkeiten zwischen den Pferden so wenig behindern, wie es der Nutzungszweck und die Verträglichkeit der einzelnen Pferde erlauben. Bei Einzelaufstallung ist mindestens der Sicht-, Hör- und Geruchskontakt zwischen den Tieren sicherzustellen.

- **Körperpflege**
Sinnvolle Körperpflege ist für das Wohlbefinden des Pferdes unerlässlich. Die Pflege muss die Einschränkungen arteigenen Pflegeverhaltens und anderer, durch die Haltung gegebener Einflüsse ausgleichen. Pflegehandlungen durch den Menschen fördern das Vertrauen und sind eine Möglichkeit für soziale Kontakte. Pflegemaßnahmen sind dem Haltungssystem anzupassen.

- **Hufpflege**
Fohlen und Jungpferde sind frühzeitig an das Aufhalten für Hufpflegehandlungen zu gewöhnen. Hufe sind regelmäßig auf ihren Zustand zu prüfen und in Abhängigkeit vom Haltungssystem so zu pflegen, dass die Gesunderhaltung des Hufes gewährleistet ist. Vor und nach jeder Nutzung sind Sohle und Strahlfurchen zu säubern.
Unbeschlagene Pferde sind in der Regel alle 6 bis 8 Wochen auf Stellung und Abnutzung der Hufe zu kontrollieren und nach Bedarf zu kor-

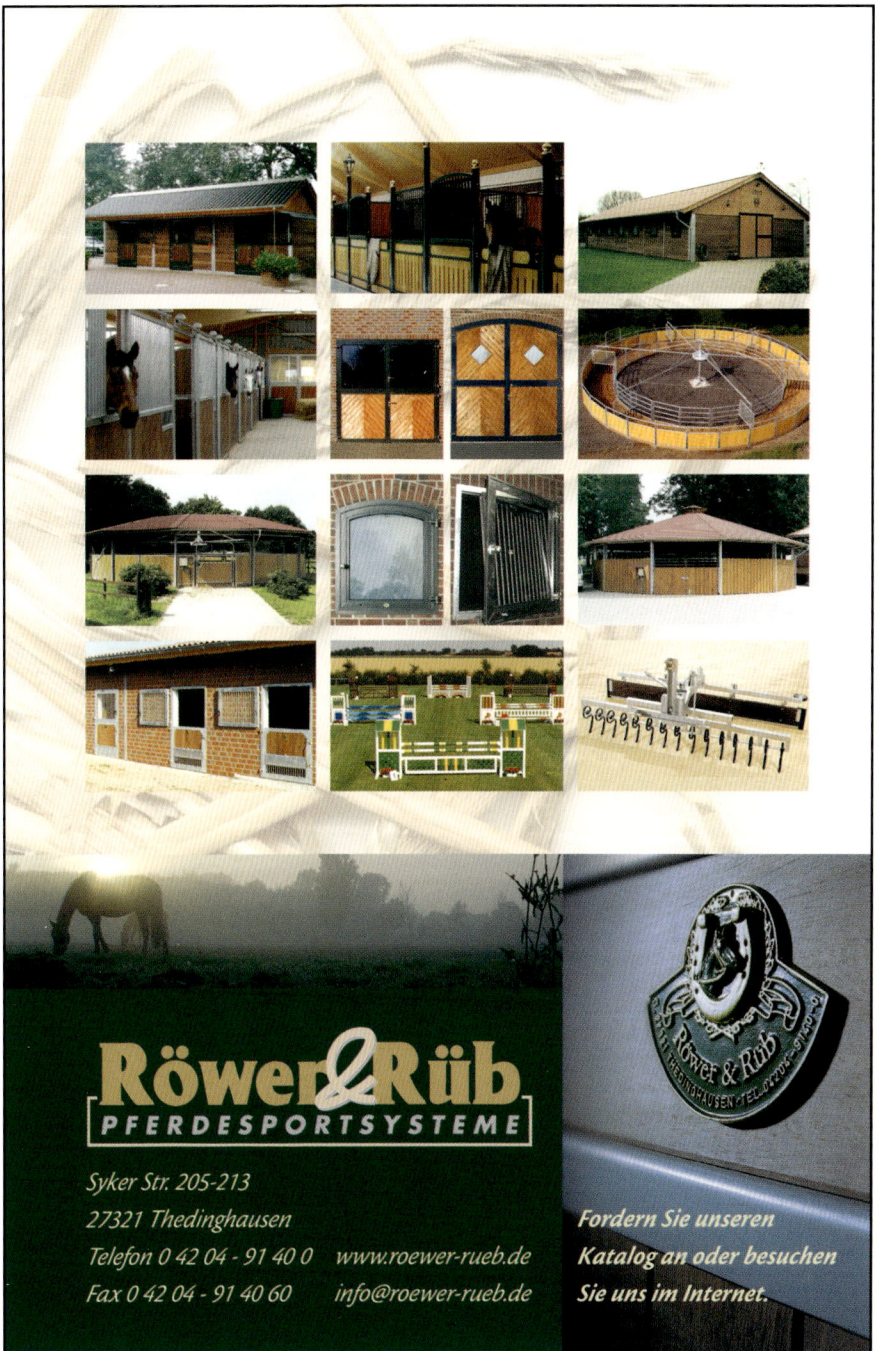

REDAKTIONELLES

rigieren. Wenn der Zustand der Hufe oder die Nutzung es erfordern, sind Pferde fachgerecht zu beschlagen. Das Beschlagsintervall beträgt in der Regel 6 bis 8 Wochen.

- **Bewegung**
In freier Wildbahn bewegen sich Pferde bis zu 16 Stunden täglich, hauptsächlich zur Futteraufnahme. Unter Haltungsbedingungen ist zum Ausgleich für den Aktivitätsverlust eine mehrstündige Bewegungsmöglichkeit anzubieten. Die erforderliche zusätzliche Bewegung wird neben Arbeit oder Training durch Weidegang, Auslauf o. ä. erreicht.
Zuchtstuten, Fohlen und Jungpferden ist grundsätzlich täglich Auslauf oder Weidegang zu gewähren.
Für Hengste mit denen nicht gearbeitet wird, ist mindestens täglicher Auslauf im Paddock oder Bewegung an der Führmaschine und, wenn gefahrlos möglich, auch Weidegang sicherzustellen.

- **Weide / Auslauf**
Weidegang ist Pferden so oft wie möglich und bevorzugt in Gruppen zu gewähren. Defekte oder unzureichende Einzäunungen sind tierschutzwidrig; Stacheldrahtzäune, Knotengitterzäune u. ä. sind als alleinige Begrenzungen ungeeignet. Einfriedungen sind regelmäßig zu kontrollieren und ggf. zu reparieren. Es müssen je nach Art und Dauer des Weideganges ein geeigneter Witterungsschutz und zusätzlich eine Tränke vorhanden sein. Alternativ zur Weide ist auch ein anderer geeigneter Auslauf möglich. Weiden und Ausläufe sowie Futterplätze müssen hygienischen Anforderungen genügen.

- **Futter und Futteraufnahme**
Unabhängig vom Haltungssystem muss das Futter in Qualität, Zusammensetzung und Menge dem Erhaltungs- und Leistungsbedarf des Einzeltieres entsprechen. Überfütterung ist genau so zu vermeiden wie Mangelernährung. Futter und Wasser müssen gesundheitlich unbedenklich sein.
Zur artgemäßen Ernährung des Pferdes ist ein ausreichender Teil an strukturiertem Futter unerlässlich. Falls kein Dauerangebot an rohfaserreichem Futter besteht, muss es mindestens dreimal täglich verabreicht werden.
Größere Kraftfuttergaben sind auf mehrere, mindestens drei Rationen zu verteilen. Wasser muss im Stall und bei Weidegang ständig zur Verfügung stehen oder mindestens dreimal täglich bis zur Sättigung verabreicht werden.
Bei Weidegang müssen Pferde auch in der kalten Jahreszeit mindestens morgens und abends trinken können.

- **Management**
Der Pferdehalter muss über entsprechendes Fachwissen hinsichtlich der arttypischen Bedürfnisse des Pferdes verfügen. Er muss Kenntnisse über das Sozial- und Ausdrucksverhalten besitzen sowie Krankheitsanzeichen frühzeitig erkennen.
Er hat sicherzustellen, dass
- dem Pferd täglich ausreichend sinnvolle Bewegung ermöglicht wird,
- Zuchtstuten, Fohlen und Jungpferde täglich Auslauf oder Weidegang erhalten,
- jedes Pferd täglich auf Krankheitsanzeichen kontrolliert wird,
- bei Schäden oder Krankheiten rechtzeitig ein Tierarzt hinzugezogen wird,
- täglich mehrmals gefüttert wird und dass ausreichend Futter in Ruhe aufgenommen werden kann,
- jedes Pferd mehrmals täglich ausreichend trinken kann,
- die Körperpflege des Pferdes entsprechend den Erfordernissen durchgeführt wird,
- regelmäßig Hufpflege und, falls erforderlich, fachgerechter Hufbeschlag erfolgt,
- Pferde auf trockener Einstreu stehen,
- Fohlen und Jungpferde an ein Anbinden zu Pflegemaßnahmen und auf Transportfahrzeugen gewöhnt werden.

Wo Sie sich detailliert informieren können
Über die Leitlinien für tierschutzgerechte Pferdehaltung hinaus, gibt es noch zahlreiche weitere Bestimmungen und Leitlinien, die es im Einzelfall zu beachten gilt. So beispielsweise die Leitlinien „Tierschutz und Pferdesport", die Ausbildung und Nutzung, Einsatz bei Wettbewerben, Ausrüstung und Geräte aber auch unerlaubtes Doping regeln.
Ausführliche Informationen über alle Bestimmungen und Leitlinien erteilt das Bundesministerium für Ernährung, Landwirtschaft und Verbraucherschutz, (BMELV), Rochusstaße 1, Referat Tierschutz, 53123 Bonn oder im Internet unter www.bmelv.de

REDAKTIONELLES

DIE AUFSTALLUNG

Offizielle Richtlinien, die es zu beachten gilt.

Pferde brauchen Platz, viel Platz – auch im Stall. Deshalb ist das Unterbringen von Pferden, egal wie groß oder klein, in Anbindestände seit geraumer Zeit generell verboten. Und für alle anderen Unterbringungsmöglichkeiten, ob in Gruppen- oder Einzelhaltung, gibt es exakte Richtlinien, die nicht unterschritten werden sollten.

Unterbringung als entscheidendes Kriterium
Wer sich einen Reitstall sucht (oder sein Pferd schon untergebracht hat) wird bei der Auswahl unterschiedliche Kriterien berücksichtigen. Das Hauptaugenmerk sollte jedoch immer auf die Unterbringungsmöglichkeiten der Pferde gerichtet sein. Nicht jedes Pferd ist sozialverträglich und in einer Gruppe zu halten. Es sollte aber auch nicht jedes Pferd in „Einzelhaft" untergebracht sein. Ein Mix aus den unterschiedlichen Aufstallungsarten wäre ideal, damit individuell und flexibel auf die Anforderungen der Tiere und ihrer Besitzer eingegangen werden kann.
Grundsätzlich wird nach Gruppenhaltung und Einzelaufstallung sowie Ställen mit oder ohne angeschlossener Auslaufmöglichkeit unterschieden. Die empfohlenen Größen für alle Bereiche der Stallungen richten sich nach der Haltungsart, der Anzahl und der Größe (Widerristhöhe) der Pferde. Bei modernen Stallungen wird der Besitzer des Reitstalls darüber hinaus für ein angenehmes Raumklima durch ausreichend Licht und Luft im Stall sorgen.

Auf Ihr Pferd kommt es an
Bei der Auswahl der Aufstallungsart für Ihr Pferd sollten Sie auf individuelle Eigenheiten des Tieres achten, wie Temperament und Charakter, Größe oder Rasse.
Ein erfahrenes Reitstall-Management wird sich ausführlich mit Ihnen darüber beraten und gemeinsam die optimale Unterbringung in einer passenden Gruppe oder einer Einzelbox festlegen. Ständerhaltung sollte in Ihrem Reitstall längst passè sein, da diese weder art- noch tierschutzgerecht ist.
In der Regel ist natürlich die Gruppenhaltung mit mindestens zwei, besser aber mehreren Pferden der Haltung in der Einzelbox vorzuziehen, da dies dem ursprünglichen Leben in der Herdengemeinschaft am nächsten kommt. Auch hinsichtlich der Bewegungsfreiheit und der gegenseitigen Anregung der Tiere zur Bewegung ist die Gruppenhaltung von Vorteil. Wichtig ist natürlich, dass die Gruppe möglichst homogen ist und die Tiere sich vertragen. Als Herdentiere kämpfen Pferde zwar immer wieder ihre Rangordnung aus und besonders ein neues Tier in der Herde muss erst seinen Platz finden. Das geht nie ohne Gerangel ab. Zu übersteigerter Aggressivität untereinander, die zu Blessuren oder gar ernsthaften Verletzungen führt, sollte es dabei aber nie kommen.
Allerdings kann es in der Gruppe auch zu Problemen kommen: Beispielsweise wenn nicht genügend Platz vorhanden ist und rangniedrigere Tiere zu geringe Ausweichmöglichkeiten haben. Oder wenn es bei Portionsfütterung wiederholt zur Benachteiligung rangniedrigerer Pferde kommt. Auch häufige Änderungen der Gruppenzusammensetzung führen zu Stress und Unruhe.
Professionelle Pferdewirte werden diese Situationen jedoch schnell erkennen und durch dauerhafte oder kurzfristige Lösungen meistern.

Die Pferde als Maß aller Dinge im Stallbau
Bei der Beurteilung eines Pferdestalls ist zu berücksichtigen, dass Haltungsbedingungen genauso wie das Umfeld und die Nutzung des Pferdes in sehr komplexer Weise auf das Tier einwirken. Es ist deshalb möglich, dass bei Abweichungen von den empfohlenen Richtmaßen in Einzelbereichen dieses Manko durch Managementmaßnahmen (beispielsweise spezielle Futterstände oder kurzzeitiges Anbinden während der Fütterung) abgefangen werden kann, so dass die Pferde trotzdem ein ausgeglichenes Verhalten und gute körperliche Verfassung zeigen. Am wichtigsten ist also, dass sich Ihr Pferd im Reitstall genau so wohl fühlt, wie Sie.
Trotzdem sollten insbesondere bei Stall-Neubauten die Richtmaße nicht unterschritten werden. Als Bemessungsgrundlage und ausschlaggeben-

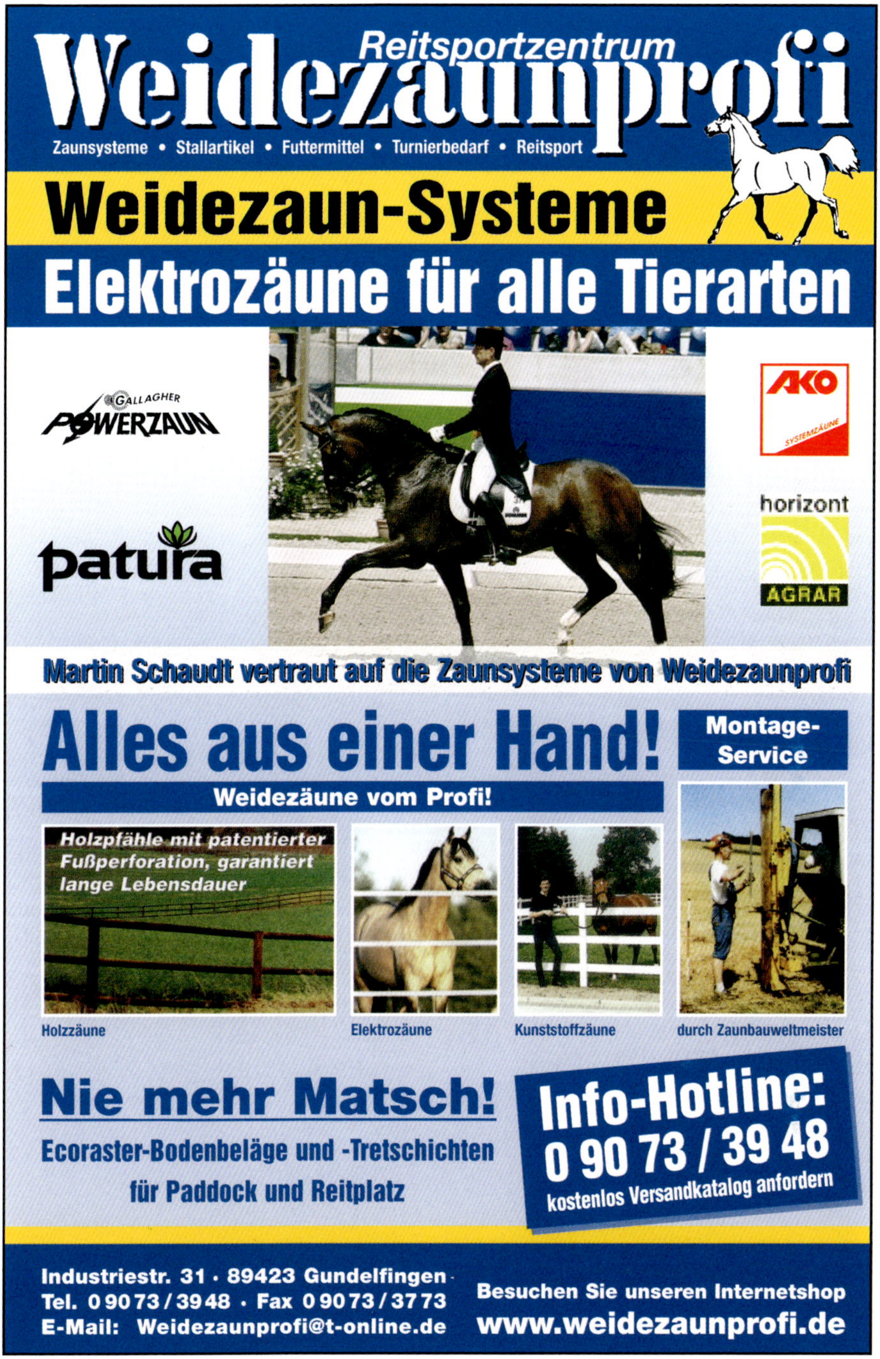

WERBEPARTNER

Weidezaun-Systeme
Elektrozäune für alle Tierarten

Martin Schaudt vertraut auf die Zaunsysteme von Weidezaunprofi

Alles aus einer Hand!
Montage-Service

Weidezäune vom Profi!

Holzpfähle mit patentierter Fußperforation, garantiert lange Lebensdauer

Holzzäune • Elektrozäune • Kunststoffzäune • durch Zaunbauweltmeister

Nie mehr Matsch!
Ecoraster-Bodenbeläge und -Tretschichten für Paddock und Reitplatz

Info-Hotline:
0 90 73 / 39 48
kostenlos Versandkatalog anfordern

Industriestr. 31 · 89423 Gundelfingen
Tel. 0 90 73 / 39 48 · Fax 0 90 73 / 37 73
E-Mail: Weidezaunprofi@t-online.de

Besuchen Sie unseren Internetshop
www.weidezaunprofi.de

REDAKTIONELLES

der Faktor dient in der Regel die Widerristhöhe (Wh), die für große Pferde mit durchschnittlich 180 cm, für mittlere Pferde mit 167 cm und für kleine Rassen mit 145 cm angenommen wird. Daraus ergibt sich zuallererst die erforderliche Mindest-Deckenhöhe des Stalls. Damit sich ein Pferd beispielsweise beim Zurückwerfen des Kopfes nicht verletzt, ist der Standard dafür das 1,5fache des Widerrists, bei großen Pferden also etwa 270 cm.

Weitere Beispiele für Standardmaße bei Gruppenhaltung:
Alle Beispiele für mittelgroße Pferde (Wh 167 cm). Bei günstigen Voraussetzungen hinsichtlich Raumstruktur, Pferde und Betreuung ist eine Reduzierung um bis zu 20 % möglich.

- Einraumlaufstall ohne direktem Zugang zum Auslauf, Fläche mindestens (2 x Wh)^2 je Pferd (2 x 1,67)^2 = 11,2 m^2 je Pferd
- Gruppenlaufstall mit direktem Zugang zum Auslauf, Fläche mindestens 3 x Wh^2 je Pferd 3 x 1,67^2 = 8,4 m^2 je Pferd
- Gruppenlaufstall mit getrennt liegenden Fressständen und direktem Zugang zum Auslauf, Fläche mindestens 2,5 x Wh^2 je Pferd 2,5 x 1,67^2 = 7 m^2 je Pferd
- Fressstände (bei Gruppenauslaufhaltung dringend empfohlen) Breite = 80 cm (bei kleinen Ponys auch schmäler)
Länge einschließlich Krippe = 1,8 x Wh
3,25 m für große Pferde
3,00 m für mittlere Pferde
2,60 m für kleine Pferde

Die seitliche Transparenz ist dabei zwingend erforderlich. Tränken müssen so angebracht sein, dass sich fressende und trinkende Pferde nicht gegenseitig erreichen können.

... und bei Einzelhaltung
Maße für die Einzelbox ebenfalls am Beispiel für mittelgroße Pferde (167 cm)
- Fläche mindestens (2 x 1,67)^2 = 7 m^2
- schmale Seite mindestens 1,5 x 1,67 = 250 cm
- Höhe Trennwand (brusthoch) 0,8 x 1,67 = 135 cm
- Höhe Trennwand (Oberteil vergittert) 1,3 x 1,67 = 220 cm

- Höhe der Krippensohle (Freßebene) 0,33 x 1,67 = 55 cm
- Höhe Boxenaußentüren 1,4 x 1,67 = 235 cm
- Höhe untere Türhälfte bei halbierten Türen 0,8 x 1,67 = 135 cm
- Breite von Durchgängen ca. 120 cm
- Breite von Stallgängen möglichst 300 cm

Maße für Anbindestand (ausschließlich für kurzfristige Haltung z.B. bei Fütterung oder kurzen Pausen)
- Breite bei geschlossenen, feststehenden Seitenabgrenzungen
mindestens 1,67 + 20 cm = 187 cm
- Breite bei seitlicher Begrenzung mit beweglichen Flankierstangen
mindestens 1,67 + 0 cm = 167 cm
- Länge 2 x 1,67 = 335 cm

Anmerkung: Krippen sollten möglichst in Boxenecken angebracht sein, um Verletzungen zu vermeiden Die Tränken sollten aus hygienischen Gründen möglichst weit von den Krippen entfernt sein, damit eine Einspeichelung des Futters verhindert wird. Rauhfutter wie Heu oder Stroh kann innerhalb der Boxen auch auf dem Boden ausgebracht werden. Das trägt dazu bei, dass es nicht zu Verletzungen durch die Gitterstäbe von Raufen kommt.

Getrennt und doch gemeinsam
Bei Unverträglichkeiten einzelner Tiere sollten diese zwar in Einzelboxen gehalten werden, aber möglichst so, dass sie ungehinderten Sicht-, Hör- und Geruchskontakt zu anderen Stallgefährten haben. Das ermöglicht trotz Einzelhaltung die dringend erforderlichen sozialen Kontakte zu den Artgenossen und eine Beschäftigung durch Beobachtung des Umfeldes.
Ausnahmen von dieser Regel sind natürlich dann erforderlich, wenn ein Tier durch diese Kontakte über die Maßen unruhig oder gar aggressiv reagiert.
Desweiteren gilt selbstverständlich, dass Hengste und Stuten aus nahe liegenden Gründen in der Regel nicht in unmittelbar benachbarten Boxen mit Berührungs-, Sicht- und Geruchskontakt untergebracht werden.
Ein modernes Stall-Konzept wird all diesen vielfältigen Anforderungen gerecht werden.

WERBEPARTNER

Ihren Pferden das Beste

Reithallen
Pferdestallungen
Reitanlagen

Bauen Sie auf

- die Kompetenz unseres Markterfolgs
- die Qualität für Ihre individuellen Ansprüche
- die Innovation im Bereich Reit-Architektur
- das hervorragende Preis-Leistungsverhältnis

Folgen Sie ihren Instinkten mit aller Konsequenz.

Bauen auch Sie auf uns. Denn wir werden mit allem schlüsselfertig.

Innovativ bauen für die Zukunft!

SCHLOSSER Holzbau GmbH, Industriestraße 17-23,
73489 Jagstzell, 0 79 67/90 90-0 Fax: 90 90-50,
Mail: info@schlosser-reithallen.de,
www.schlosser-reithallen.de

REDAKTIONELLES

DIE BEWEGUNGSFREIHEIT

Ausritt oder Ausfahrt in die Natur sind nicht alles.
Der schönste Reitstall verliert an Reiz, wenn Sie und Ihr Pferd keine ausreichende „Bewegungsfreiheit" haben. Dazu zählt vor allem ein attraktives und abwechslungsreiches Gelände mit unterschiedlichen Schwierigkeitsgraden in unmittelbarer Umgebung. Denn nichts macht den Reitsport so interessant wie ein Ritt oder eine Ausfahrt in die Natur.

Pferde brauchen viel Bewegung. Ein Teil davon kann durch den täglichen Aufenthalt auf der Weide gedeckt werden. Ein anderer Teil durch regelmäßige Ausritte. Doch nicht immer spielt das Wetter mit. Zudem möchte man sein Pferd nicht nur immer zum Vergnügen nutzen. Man möchte ja auch mit ihm arbeiten, es trainieren, mit ihm üben und sich weiterentwickeln. Der professionelle Reitstall bietet dafür mindestens einen speziellen Reitplatz oder eine Reithalle an – im Idealfall sogar beides.

Reithalle und Reitplatz:
Der Untergrund ist entscheidend
Egal, ob Sie mit Ihrem Pferd in der Reithalle oder auf dem Reitplatz arbeiten, entscheidend ist die Beschaffenheit des Bodens. Sie wollen doch nicht, dass sich Ihr Pferd überanstrengt oder gar gesundheitliche Schäden davonträgt. Worauf Sie achten sollten:
Reithallen besitzen in der Regel sowieso einen speziell vorbereiteten, pferdegerechten Boden. Reitplätze dagegen sind oft nur ein Stück planiertes Land mit natürlich gewachsenem Boden. Als Auslauf sicher akzeptabel, als Trainingsplatz aber völlig unzureichend. Ein speziell hergerichteter Reitboden besteht aus Baugrund, Tragschicht und Tretschicht.
Der Baugrund ist der natürliche Untergrund. Die Tragschicht kann unterschiedlich beschaffen sein. In den meisten Fällen hat sich Schotter am besten bewährt. Die Schotterschicht sollte je nach Baugrund mindestens 30-50 cm hoch aufgebaut werden, um eine ausreichende Wasserdurchlässigkeit auf lange Sicht zu gewährleisten.
Beim Reiten und insbesondere beim Springen treten sogenannte Scherkräfte auf, die auf Dauer den Traggrund schwer beeinträchtigen können. Die Schotterschicht wird verletzt, die Vermischung von Baugrund und Traggrund ermöglicht und die Scherfestigkeit eingeschränkt (Schlaglocheffekt).
Eine Alternative zum Traggrund aus Schotter ist der Aufbau aus Bitumen oder Beton. Dadurch wird zwar die Scher- und Tragfähigkeit des Bodens entscheidend verbessert. Die Nachteile sind jedoch eine stark verminderte Wasserdurchlässigkeit, eine rutschgefährdete Tretschicht und eine verminderte Elastizität.
Die Tretschichten sind meistens aus Holz (Holzspäne oder Holzschnitzel) oder Sand. Holz unterliegt sehr hohem, mechanischem Abrieb und schnellem, organischem Abbau. Je nach Größe und Beschaffenheit der Holzspäne bzw. Holzschnitzel läuft die Zersetzung schneller oder langsamer ab. Solche Tretschichten müssen laufend mit Holzanteilen nachgefüllt werden. Das kann zu einem rutschigen, nicht gleichmäßig festen Belag mit losen (Stolper-)Stellen führen. Zudem kann die Staubentwicklung bei Tretböden aus Holz ziemlich hoch sein. Bei Freianlagen verrottet das Holz durch die Witterungseinflüsse noch schneller als in der Halle. Die Qualität und Beschaffenheit des Belages ändert sich deshalb ständig. Gleichbleibende Trainingsbedingungen sind somit häufig nicht gegeben.
Tretschichten aus Sand unterliegen je nach Sandqualität einer mehr oder weniger starken Verdichtung. Wasser wird nicht mehr ausreichend schnell abgeführt, es bilden sich Pfützen. Durch gröberen Sand kann dies zwar vermieden werden, allerdings wächst die Gefahr, dass das Pferd bei diesem rolligen Belag tiefer durchtritt. Solche tiefgehenden Plätze können die Arbeit für Pferd und Reiter erschweren.
Bei einer Mischung aus Sand und Holz werden die Holzanteile ähnlich wie mit Schleifpapier aufgerieben. Dadurch können die Böden sehr hart und stumpf werden.
Die Qualität und nutzungsgerechte Eignung von Trainingsplatz oder Halle hängt deshalb weniger von der Auswahl der Materialien ab, sondern vielmehr von der fachgerechten Pflege der Tretschichten. Achten Sie also stets darauf, dass der Boden den Anforderungen für die Nutzung des Pferdes entspricht.

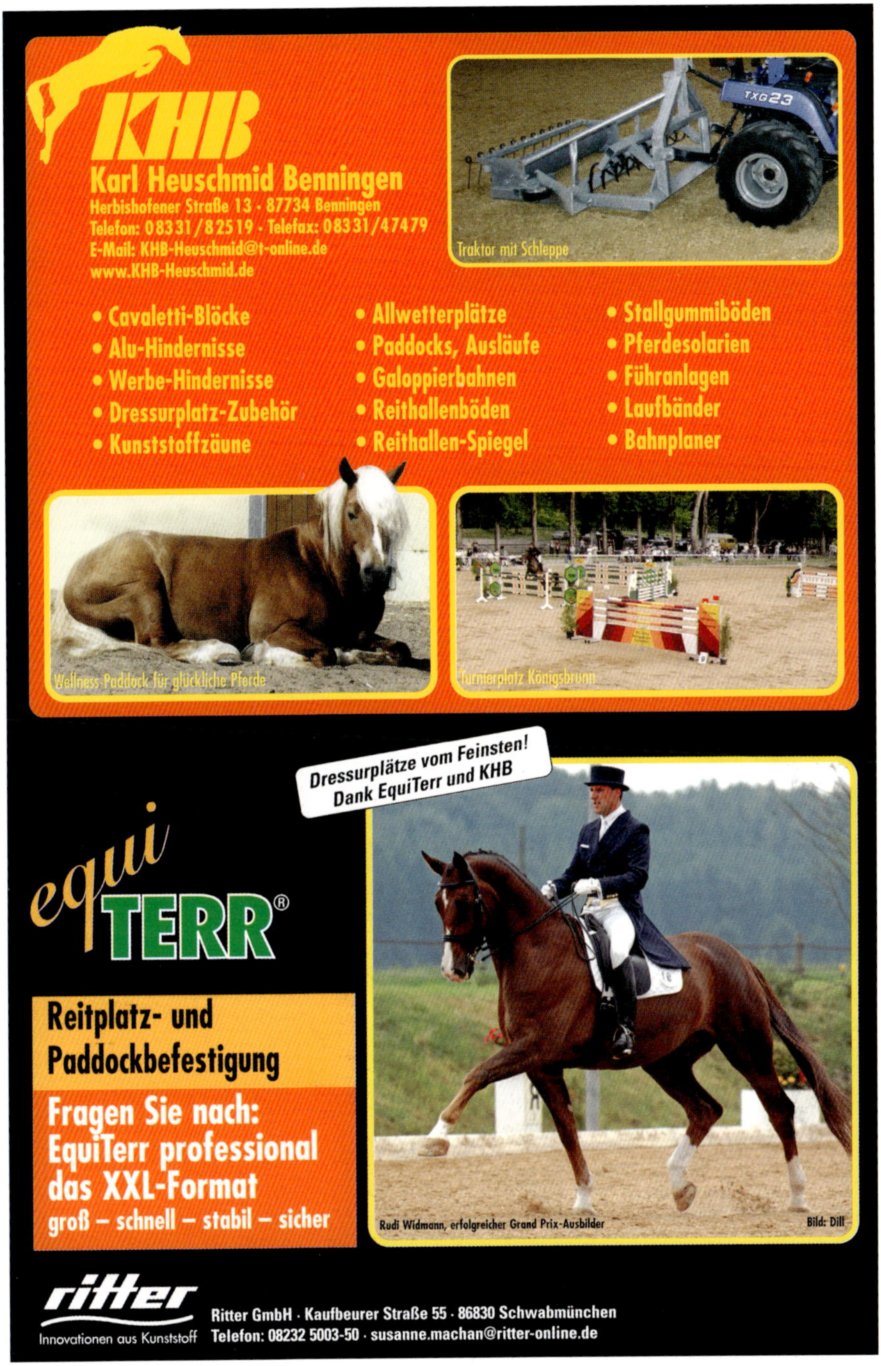

KHB
Karl Heuschmid Benningen
Herbishofener Straße 13 · 87734 Benningen
Telefon: 08331/82519 · Telefax: 08331/47479
E-Mail: KHB-Heuschmid@t-online.de
www.KHB-Heuschmid.de
Traktor mit Schleppe
• Cavaletti-Blöcke
• Alu-Hindernisse
• Werbe-Hindernisse
• Dressurplatz-Zubehör
• Kunststoffzäune
• Allwetterplätze
• Paddocks, Ausläufe
• Galoppierbahnen
• Reithallenböden
• Reithallen-Spiegel
• Stallgummiböden
• Pferdesolarien
• Führanlagen
• Laufbänder
• Bahnplaner
Wellness-Paddock für glückliche Pferde
Turnierplatz Königsbrunn
Dressurplätze vom Feinsten!
Dank EquiTerr und KHB
equi TERR®
Reitplatz- und
Paddockbefestigung
Fragen Sie nach:
EquiTerr professional
das XXL-Format
groß – schnell – stabil – sicher
Rudi Widmann, erfolgreicher Grand Prix-Ausbilder
Bild: Dill
ritter
Innovationen aus Kunststoff
Ritter GmbH · Kaufbeurer Straße 55 · 86830 Schwabmünchen
Telefon: 08232 5003-50 · susanne.machan@ritter-online.de

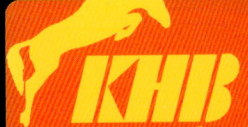

REDAKTIONELLES

RECHT UND GESETZ

Die Fallstricke rund ums Pferd

Die Zeiten, als ein Pferdehandel noch mit einem Handschlag besiegelt wurde, sind längst vorbei. Wer heutzutage ein Pferd kaufen oder verkaufen möchte, hat aufgrund des seit 1.1.2002 in Kraft befindlichen neuen Pferdekaufrechts (§ 437 BGB ff.) mit etlichen juristischen Fallstricken zu kämpfen und nicht selten endet der Handel vor dem Richter. Aber auch der Besitz eines Pferdes ist mit unzähligen Gesetzen, Verordnungen und Bestimmungen verbunden und nicht selten sieht man sich als Reiter und Halter schneller mit Ämtern, Behörden oder gar Gerichten konfrontiert, als einem lieb ist.

Erste Hilfe durch die FN

Die Deutsche Reiterliche Vereinigung (FN) bietet auf Ihren Internetseiten einen Vertragsservice für alle Pferdebesitzer an. Dort können gegen einen kleinen Kostenbeitrag per Faxabruf etliche Vertragsformulare angefordert werden. Mit diesen Musterverträgen sind Sie bei Rechtsgeschäften rund um Ihr Pferd ein großes Stück weit auf der sicheren Seite.

Vom Kaufvertrag über Reitbeteiligungs- und Pferdeeinstellvertrag bis zum Transportvertrag sind juristisch abgesicherte Vertragstexte vorformuliert, die die entsprechende Geschäftstätigkeit für beide Seiten verbindlich regeln.

Darüber hinaus hält die FN auf den Webseiten eine Vielzahl von Merkblättern zum kostenlosen Download bereit, die Pferdebesitzern, Vereinen und allen, die beruflich mit Pferden zu tun haben eine wertvolle Unterstützung geben in den Bereichen

- Ausbildung
- Breitensport, Vereine und Betriebe
- Jugend
- Juristische Belange
- Mitgliederservice
- Persönliche Mitglieder
- Therapeutisches Reiten
- Turniersport
- Umwelt und Pferdehaltung
- Verband
- Verlag
- Veterinär
- Zucht

So finden Sie beispielsweise im Bereich „Juristische Belange" unter anderem Merkblätter zum „Recht beim Pferdekauf" aber auch zu „Haftung und Versicherungen im Pferdebereich". Klicken Sie sich zur Information einfach ein unter **www.pferd-aktuell.de**

Wenn's Ernst wird hilft der versierte Anwalt

Falls ernsthafte juristische Probleme auftauchen, sollte unbedingt ein versierter Fachanwalt zu Rate gezogen werden. Hilfe bieten entsprechende Suchmaschinen im Internet oder die Hinweise im Branchen-ABC dieses Buches. Denn wie problematisch ein Rechtsstreit sein kann, sollen einige Beispiele von Urteilen deutscher Gerichte zeigen:

- Scheut ein Reitpferd, weil ein auf einer Weide befindlicher Eselhengst, der als Weide- und Reittier für Feriengäste genutzt wird, lauthals wiehernd auf das Pferd zustürmt und verursacht dadurch einen Sachschaden, weil es plötzlich auf die Fahrbahn vor einen PKW läuft und auf dessen Motorhaube zum Liegen kommt, so geht die sich hier realisierende Tiergefahr allein vom Reitpferd aus, so dass für eine Mithaftung des Halters des Eselhengstes kein Raum ist.

  AG Limburg (4 C 547/98) Urteil vom 12.11.98

- Tierhalterhaftung für einen Reitunfall setzt voraus, dass sich die Tiergefahr in einem willkürlichen Verhalten des Reitpferdes realisiert. Hierfür ist der - bei einem Ausritt - geschädigte Reiter beweispflichtig.

  LG Gießen (1 S 437/94) Urteil vom 01.01.95

- Nähert sich ein PKW-Fahrer innerhalb einer geschlossenen Ortschaft einer Reitergruppe (hier: zwei Pferde) mit überhöhter Geschwindigkeit (hier: 64 km/h) und muss er eine Vollbremsung vornehmen, so reduziert sich die Tierhalterhaftung auf 20 %, wenn ein Reitpferd aufgrund des Fahrverhaltens des PKW-Fahrers scheut und mit der Hinterhand in die Fahrbahn ausbricht.

  OLG Köln (9 U 7/91) Urteil vom 14.01.92

REDAKTIONELLES

- Hat es der Vorstand eines Reitvereins pflichtwidrig unterlassen, für den Abschluss einer ausreichenden Haftpflichtversicherung des Vereins zu sorgen, so kann dies einer Inanspruchnahme des Vereins durch ein Vorstandsmitglied aus § 833 Satz 1 BGB entgegenstehen.
  BGH (VI ZR 9/85) Urteil vom 26.11.85

- Wer ein gemietetes Pferd selbständig ausreitet, ist zwar nicht Tierhalter (auch nicht Mithalter) des Reitpferdes im Sinne von § 833 BGB, wohl aber in der Regel Tierhüter im Sinne von § 834 BGB.
  BGH (VI ZR 161/85) Urteil vom 30.09.86

- Ist der Tierhüter selbst der Geschädigte, ist sein Schadenverursachungsbeitrag gegen den des Tierhalters abzuwägen. Dabei ist zu berücksichtigen, dass der Tierhalter, der sein Pferd dem Tierhüter überlässt, keine Einwirkungsmöglichkeit auf sein Tier hat. Liegt es in der Hand des Tierhüters, durch entsprechende Vorsorge und Aufsicht eine Schadenverursachung durch die bei ihm befindlichen Tiere zu verhindern, tritt der Schadenverursachungsbeitrag des Tierhalters ganz zurück.
  OLG Celle (5 U 109/88) Urteil vom 06.07.91

- Der Halter eines Reitpferdes kann dem Reiter, der sich beim Sturz vom Pferd verletzt, auch dann nach § 833 BGB zum Schadensersatz verpflichtet sein, wenn er dem Verletzten das Pferd aus Gefälligkeit überlassen hat.
  BGH (VI ZR 49/91) Urteil vom 09.06.92

- Sind zwei Personen neben-/miteinander Halter eines Pferdes, so stehen dem durch das Tier verletzten Halter keine Ansprüche aus § 833 Abs. 1 BGB gegen den anderen Halter zu. Derartige Ansprüche fallen nicht in den Schutzbereich der Norm des § 833 Abs. 1 BGB.
  OLG Köln 99 (19 U 118/98) Urteil vom 12.02.99

- Aus dem entgeltlichen Einstallvertrag für ein Pferd ergibt sich die Verpflichtung des Stallbetreibers, das Pferd dort während der Vertragsdauer so unterzubringen und zu versorgen, dass es gesundheitlich nicht zu Schaden kommt. Dazu gehört, dass die für das Pferd vorgesehene Box so eingerichtet ist, dass das Pferd sich dort nicht verletzen kann. Die bauliche Beschaffenheit der Box muss auch die Unterbringung solcher Pferde erlauben, die nervlich nicht ausgeglichen sind und dazu neigen, im Stall zu toben.
  OLG Frankfurt (17 U 194/98) Urteil vom 24.11.99

- Wenn auf dem Gelände einer Reitanlage oder eines Fahrstalles Schilder angebracht sind mit der Aufschrift "Reiten und Gespannfahren auf eigene Gefahr", dann führt dies in der Regel nicht zu einem wirksamen Haftungsausschluß. Mit solchen Schildern bezweckt der Betreiber der Anlage zwar den Ausschluß jeglicher Haftung, jedoch ist eine solche Haftungsregelung nach § 11 Nr. 7 AGBG rechtlich unwirksam.
  OLG Hamm (6 U 120/98) Urteil vom 11.11.99

- Wird ein Hufschmied beim Beschlagen eines Pferdes verletzt, so ist die Tierhalterhaftung in der Regel nicht vertraglich ausgeschlossen. Das gilt unabhängig davon, ob der Halter des Pferdes beim Beschlagen anwesend ist. Den Hufschmied kann ein Mitverschulden treffen, wenn er die Möglichkeit des Ausschlagens des Pferdes nicht hinreichend berücksichtigt.
  OLG München (1 U 2076/90) Urteil vom 26.07.90

- Setzt sich ein Reiter einer besonderen Gefahr aus, wie sie zum Beispiel mit der Teilnahme an einem Dressur- oder Springreiten verbunden ist, dann scheiden Ansprüche aus der Tierhalterhaftung (Gefährdungshaftung) gegen andere Teilnehmer an dieser Veranstaltung aus.
  OLG Frankfurt/M. (8 U 213/78) Urteil vom 03.04.79

- 1. Der Mieter eines Pferdes zum selbständigen Ausreiten muss im Schadensfalle die Vermutung gegen sich gelten lassen, dass ihn ein für den Schaden ursächliches Verschulden trifft.
  2. Der Vermieter, der ihm unbekannten Reitern Pferde zum selbständigen Ausreiten überlässt, muss sich Gewissheit darüber verschaffen, dass die Reiter die erforderliche Erfahrung im Umgang mit Pferden besitzen, um die bei einem Ausritt im Gelände auftretenden Gefahren meistern zu können.
  OLG Düsseldorf (13 U 97/94) Urteil vom 27.04.95

- Der Geschädigte, dem ein Pferd aus Gefälligkeit überlassen worden ist, hat die Hälfte seines Schadens selbst zu tragen, wenn sich nicht aufklären lässt, ob sein Verhalten zur schadenstiftenden Reaktion des Pferdes geführt oder sich die typische Tiergefahr verwirklicht hat.
  OLG Düsseldorf (13 U 298/93) Urteil vom 01.12.94

www.fotoagentur-dill.de

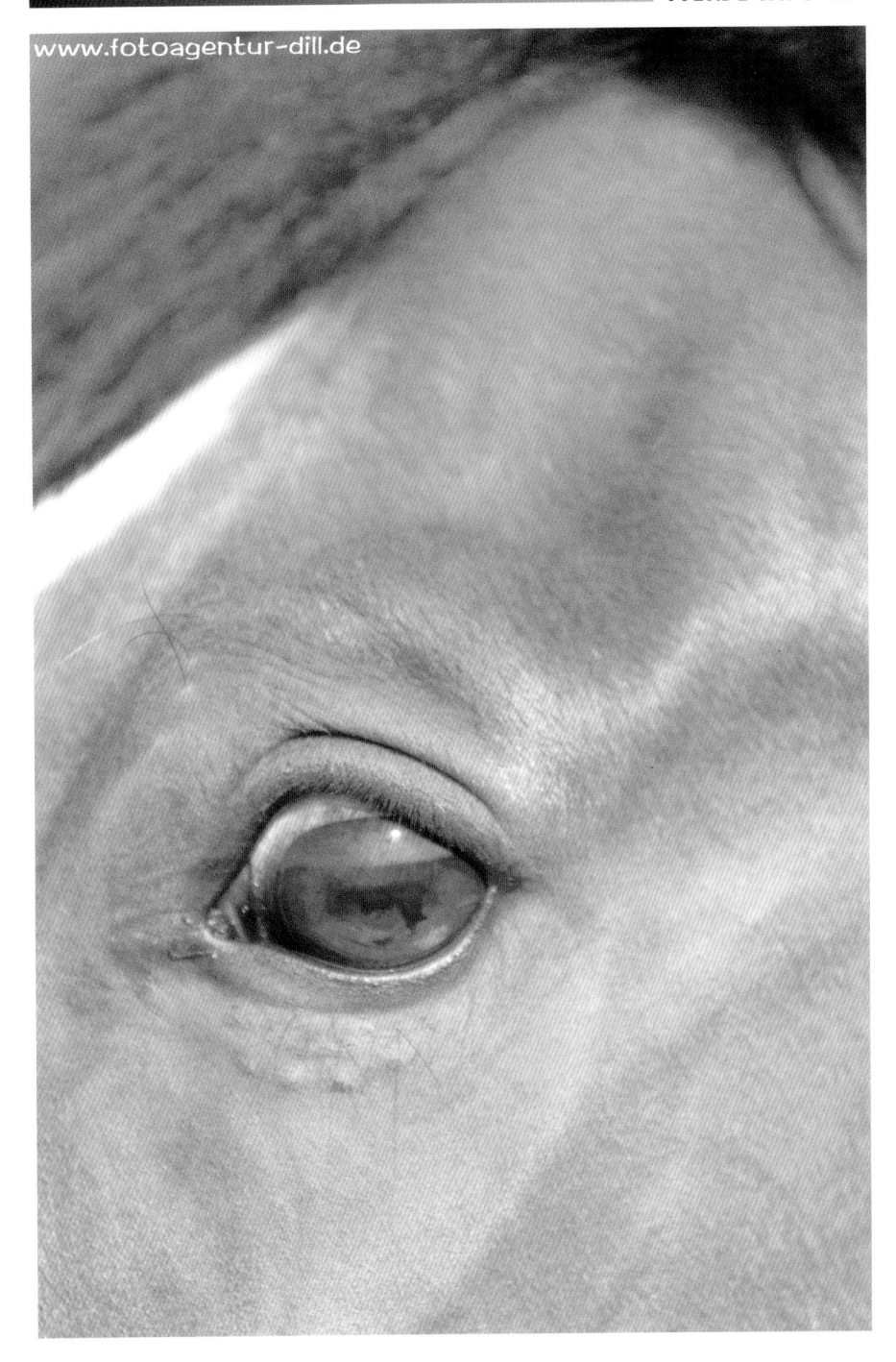

REDAKTIONELLES

DER PFERDETRANSPORT

Von „A" wie Auswahl bis „Z" wie Zulassung

Auch wer den Pferdesport nicht professionell betreibt wird über kurz oder lang gezwungen sein, sein Pferd in einem Anhänger zu transportieren: z.B. zu Zuchtzwecken, zu einem Freizeitturnier oder in die Tierklinik. Wie der Bayerischer Reit- und Fahrverband e.V. mitteilt, ergaben Untersuchungen, dass jedes Pferd in Deutschland im Schnitt einmal wöchentlich verladen und durchschnittlich bis zu zwei Stunden transportiert wird.

Die Wahl des Hängers: neu oder gebraucht
Wer sein Pferd öfters transportieren möchte, wird sich zunächst über die Anschaffung eines eigenen Anhängers Gedanken machen. Eine große Auswahl neuer und gebrauchter Pferdetransporter finden Sie bei speziellen Herstellern (im Internet unter www.wlw.de, Suchbegriff „Pferdetransporter") und Anbietern von Nutzfahrzeugen. In der Regel sind dort auch die ‚Gebrauchten' tadellos in Schuß. Wer jedoch einen gebrauchten Hänger „von privat" kaufen möchte, sollte sich das Gefährt ganz genau ansehen. Durch häufiges und langes Stehen bei Wind und Wetter sind nicht selten die Bremsen defekt, tragende Teile durchgerostet oder Bodenplatten morsch. Wer sich da nicht allein auf sein eigenes Urteil verlassen will, sollte die Hilfe von ADAC oder TÜV in Anspruch nehmen. Schließlich geht es nicht nur um die Sicherheit Ihres Pferdes, sondern auch um Ihre Sicherheit im Straßenverkehr.

Pferdeanhänger brauchen ein amtliches Kennzeichen, müssen also zugelassen werden. Nutzen Sie Ihren Hänger ausschließlich zum Transport von Pferden, dann lohnt sich die steuer- und versicherungsfreie Zulassung als Sportgeräteanhänger (grünes Kennzeichen). Wollen Sie auch anderes transportieren – und seien es auch nur die Heuballen zur Fütterung des Pferdes, dann ist die normale Zulassung erforderlich mit Steuer- und Versicherungspflicht.

Natürlich ist dann nur der Hänger im Straßenverkehr versichert. Eine spezielle Pferdetransport-Versicherung sollte auf jeden Fall zusätzlich in Betracht gezogen werden (siehe unseren Beitrag „Recht und Gesetz" bzw. „Die Versicherungen"). Als verantwortungsbewusster Pferdebesitzer werden Sie natürlich stets auf den einwandfreien, sicheren Zustand Ihres Transporters achten und insbesondere die Brems- und Beleuchtungsanlage vor jeder Fahrt prüfen. Das sind Sie sich und Ihrem Pferd einfach schuldig, damit sie beide gesund ans Ziel kommen und wieder nach Hause. Übrigens: Unabhängig von der Zulassungsart sind alle Anhänger TÜV-pflichtig und müssen im 2-Jahres-Rhythmus überprüft werden.

**Die Wahl des Zugfahrzeugs:
Ist mein PKW geeignet?**
Die meisten Pferdetransporter haben ein zulässiges Gesamtgewicht von 2 Tonnen, was in der Regel ausreichend ist, um zwei Pferde zu transportieren. Doch selbst wenn Sie nur ein Pferd geladen haben, erreicht der Hänger ein Gesamtgewicht von rund 1.500 kg. Es kommt also auf die zulässige gebremste Anhängelast des Zugfahrzeugs (Angabe im KFZ-Schein beachten) an, ob die vorhandene „Familienkutsche" auch als „Lastesel" taugt. Motorleistung ist dabei nicht entscheidend, sondern das Eigengewicht des Zugfahrzeugs. Denn je höher das Gewicht des Zugwagens, umso sicherer lässt sich das ganze Gespann steuern.

Allradfahrzeuge, insbesondere Geländewagen, sind beim Pferdetransport klar im Vorteil. Denn oft genug muss der Anhänger über Feldwege oder Wiesen gezogen werden.

Empfehlenswert ist gerade beim Pferdetransport die Verwendung einer sogenannten Anti-Schlinger-Kupplung, deren Mechanik schlingernde Bewegungen des Anhängers ausgleicht, egal ob sie durch das Pferd oder durch Seitenwinde, beispielsweise beim Überholen von LKWs, verursacht werden. Ein weiterer, entscheidender Punkt ist, ob Sie mit Ihrem Führerschein das Gespann auch fahren dürfen.

PFERDE-INFO

WERBEPARTNER

BÖCKMANN
Center
FREIBURG

Gundelfinger Straße 33 - 39 · 79108 Freiburg
Tel.: 07 61 / 15 10 890 · Fax: 07 61 / 15 10 899
www.anhaengerzentrum.net
info@anhaengerzentrum.net

Pferdetransporter Henning

Fa. Friedhelm Henning Nutzfahrzeuge

Industristr. 9
75053 Gondelsheim

Telefon 0 72 52 / 94 80 12
Auto: 0172 - 726 34 47

www.henning-pferdetransporter.de

alles rund um den LKW
aus erfahrener Hand

An- u. Verkauf / Reparaturen
Miet LKWs / Auf u. Umbauten
Lackier, u. Karosseriefachbetrieb

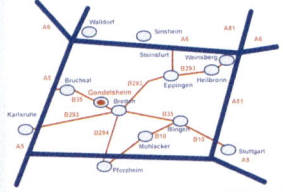

PFERDE-INFO

REDAKTIONELLES

Pferdebesitzer, die noch den alten Führerschein „Klasse 3" besitzen, haben in der Regel gar keine Probleme. Wurde die Fahrerlaubnis der neuen „Klasse B" vor dem 1.1.1999 erworben, darf „...die zulässige Gesamtmasse des Anhängers nicht größer als die Leermasse des Kraftwagens und die Summe der zulässigen Gesamtmassen von Zugfahrzeug und Anhänger nicht größer als 3,5 t..." sein. Bei Erwerb der Fahrerlaubnis nach dem 1.1.1999 ist auf jeden Fall ein spezieller Anhängerführerschein erforderlich.

Verladen und fahren:
Stress oder trainierte Übung
Für manche Pferde und ihre Besitzer wird das Verladen in einen Anhänger zur Tortur. Das Pferd hat oftmals Furcht vor dem Verladen, weil es damit unangenehme Erfahrungen verbindet (Besitzerwechsel, Tierarzt o.ä.). In einem solchen Fall versuchen Sie es zwischendurch immer wieder einmal mit einer einfachen, harmlosen „Spazierfahrt". Aber vorher üben Sie das Verladen mit Ihrem Pferd.

Beim Verladen sollten Sie immer die Ruhe bewahren. Sind Sie nervös und ängstlich, überträgt sich das zwangsläufig auf Ihr Pferd. Drängen Sie das Tier nicht, sondern leiten Sie es. Lassen Sie ihm Zeit, sich mit der Situation und der „Pferdebox auf Rädern" vertraut zu machen. Je mehr Vertrauen Ihr Pferd zu Ihnen hat, desto einfacher lässt es sich von Ihnen führen.

Haben Sie noch keine Erfahrung, lassen Sie sich von Leuten aus Ihrem Reitstall helfen, die über entsprechende Erfahrungen verfügen. Und: vergessen Sie nicht, bei jedem erfolgreichen Zwischenschritt Ihr Pferd ausführlich zu loben und bei entsprechenden Erfolgen auch zu belohnen.

Übertreiben Sie das Lernpensum aber nicht. Klappt's nicht auf Anhieb, versuchen Sie es am nächsten Tag erneut.

So wie Sie und Ihr Pferd das Verladen üben müssen, genauso müssen Sie auch das Fahren üben. Wenn Sie keine Erfahrung im Gespann-Fahren haben, dann üben Sie natürlich erst einmal ohne Pferd und machen sich mit der Reaktion von Zugfahrzeug und Anhänger in unterschiedlichen Verkehrssituationen vertraut. Oberstes Gebot dabei ist, vorausschauend zu fahren, abrupte Brems- oder Lenkmanöver absolut zu vermeiden und das Gespann möglichst ruhig und gleichmäßig zu bewegen.

Haben Sie schon einmal versucht, in einem Bus stehend zu fahren, ohne sich festzuhalten? Vor allem beim Anfahren, beim Abbremsen und in Kurven kostet es Sie viel Mühe, sich auf den Beinen zu halten. So ähnlich ergeht es auch Ihrem Pferd. Denken Sie stets daran und fahren Sie entsprechend. Die erste Fahrt, die Sie dann mit Pferd unternehmen, sollte deshalb nicht allzu lange dauern.

Die Alternativen:
leihen, mieten oder Profis beauftragen
Wer sein Pferd wirklich nur ganz selten transportieren möchte, hat neben der Anschaffung eines eigenen Anhängers drei Alternativen:

· Sie können einen Anhänger leihen. Unter Reiterfreunden eine gängige Praxis. Was aber, wenn das Pferd z.B. den geliehenen Anhänger ramponiert? Eine bestehende Tierhalterhaftpflichtversicherung tritt für den durch das Pferd verursachten Schaden nicht ein. Oder was, wenn das Pferd zu Schaden kommt, z.B. durch Mängel am Anhänger (morscher Boden, hervorstehende Teile, rutschige Verladerampe usw.)? Handelt es sich um eine unentgeltliche Überlassung, so liegt ein Leihvertrag gemäß § 598 BGB vor und der Verleiher haftet nur für Vorsatz und grobe Fahrlässigkeit. Passiert gar ein Unfall mit dem geliehenen Anhänger, dann wird's juristisch kompliziert.
· Anders bei Anhängern von einem gewerblichen Vermieter. Hier ist die Rechtslage etwas einfacher und vergleichbar mit der Anmietung eines Kraftfahrzeugs. Trotzdem kann es im Ernstfall zu Streitigkeiten um Ersatzansprüche kommen.
· Die einfachste, sicherste aber auch die teuerste Alternative ist der Pferdetransport durch Profis. Vorausgesetzt, man beauftragt eine wirklich erfahrene, entsprechend ausgerüstete und ausgebildete Mannschaft. Für ein Freizeitpferd wird sich diese Möglichkeit in der Regel aber nicht lohnen.

Wir lösen Transportprobleme...
VERKAUF · VERMIETUNG · SERVICE · ERSATZTEILE

BÖCKMANN **WESTFALIA**

Wir reparieren alle Fabrikate

DEKRA / TÜV
Jeden Donnerstag im Haus

B=NDIX
PFERDE-ANHÄNGER

BENDIX GMBH
Tel. 089 / 75 30 86
Fax 089 / 75 30 80
82061 Neuried / München
Gautinger Str. 49
www.bendix-pferdeanhaenger.de

REDAKTIONELLES

DIE VERSICHERUNGEN

Der Schutz, der vor finanziellem Desaster bewahrt.

Pferde sind von Natur aus Fluchttiere. Sie können als arttypische Reaktion plötzlich scheuen und für einen Moment unkontrollierbar sein, einfach eine Gelegenheit nutzen und aus der Koppel ausbrechen oder in Panik geraten und durchgehen. Dabei werden oft Schäden verursacht, für die Reiter und Halter haftbar gemacht werden können. Zudem stellt jedes Pferd auch einen, oft nicht unerheblichen Wert dar, den es abzusichern gilt.

So wie die Sorge und Pflege für sein Tier zur Verantwortung eines Pferdehalters gehört, so gehören auch Schutz und Sicherheit für Pferd, Reiter und gegenüber Dritten dazu. Eine entsprechende Tierhalter-Haftpflichtversicherung ist deshalb das absolute Minimum an Sicherheit, um das sich jeder Pferdebesitzer kümmern sollte. Darüber hinaus bieten die Versicherer in Deutschland noch etliche zusätzliche Verträge für Pferd und Reiter an, die vor unvorhergesehenen finanziellen Belastungen schützen.

**Ein absolutes Muss:
die Tierhalter-Haftpflicht**
Ein Unfall, der durch oder mit dem Pferd verursacht wird, ist schnell passiert. Die Tierhalter-Haftpflicht deckt dann in der Regel alle Schäden ab, die das Pferd durch sein arttypisches Verhalten anrichtet; egal, ob Sachen oder Personen geschädigt werden. Dabei ist es zunächst unerheblich, ob das Pferd diese Schäden im Alleingang (z.B. nach einem Ausbruch aus der Koppel) oder in Verbindung mit einem Reiter bzw. Fahrer anrichtet. Wird allerdings dem Reiter bzw. Fahrer oder einem evtl. geschädigten Dritten Fahrlässigkeit oder gar Vorsatz nachgewiesen, dann wird die Tierhalter-Haftpflicht den Schaden voraussichtlich nicht tragen (siehe dazu auch unseren Beitrag „Recht und Gesetz").

Die Tierhalter-Haftpflicht übernimmt unter Umständen auch Schäden, die ein Reiter erleidet, dem Sie Ihr Pferd aus Gefälligkeit (nicht gewerbsmäßig) überlassen haben.

Da fast jede Versicherungsgesellschaft am deutschen Markt auch die Tierhalter-Haftpflicht anbietet, ist es schwierig, sich einen Überblick zu verschaffen, um die optimale Versicherung auszuwählen. Zu beachten ist auch, dass die Versicherer meist Verträge mit unterschiedlichen Deckungssummen anbieten. Allerdings gibt es Versicherer, die ihre allgemeine Tierhalter-Haftpflichtversicherung speziell auf Pferdebesitzer und deren Bedürfnisse zugeschnitten haben und darüber hinaus ein breites Angebot an weiteren Versicherungen rund um Pferd und Reiter anbieten, auch für Reitställe, Reitschulen und Vereine.

Spezielle Versicherungen für individuelle Anforderungen
Pferde stellen oft einen erheblichen Wert dar. Deshalb sind viele Pferdebesitzer bestrebt, ihre wertvollen Tiere entsprechend abzusichern. Die Versicherungswirtschaft bietet dafür spezielle Versicherungen an:

- **Die Pferde-OP und -Krankenversicherung**
Auch im Freizeitsport ist die Verletzungsgefahr insbesondere bei Pferden, die intensiv geritten bzw. gefahren oder gar in Wettbewerben eingesetzt werden, besonders groß. Um den Wert des Tieres zu erhalten ist eine Operation dann unumgänglich. Auch Krankheiten, die das Tier befallen, können OPs erforderlich machen. Das kann zu hohen Kosten führen. Um hier das finanzielle Risiko auszuschließen, gibt es sogenannte OP-Versicherungen, die erforderliche Operationen des Pferdes inklusive Vor- und Nachbehandlungen bezahlen.
Darüber hinaus kann ein Pferd auch komplett krankenversichert werden. Dann sind zusätzlich die Kosten des Tierarztes bei ambulanter Behandlung oder für die regelmäßigen Impfungen und Wurmbehandlungen abgedeckt.
In der Regel ist zusätzlich eine Transportversicherung integriert.

- **Reiter-Unfallversicherung**
Durch unvorhergesehene Reaktionen des Pfer-

PFERDE-INFO

WERBEPARTNER

Tierversicherungen Michiels

41849 Wassenberg
Charles-Lindbergh-Str. 60
☎ **02432 7036**

Die Kompetenzagentur für Tierversicherungen

Beispiel:

1 + Drei = 4 auf einen Streich

Unser preisreduziertes Bündel „Pferd und Reiter sicher"

Die **Pferdehalter-Haftpflichtversicherung** -------- > Schäden, die durch Ihr Pferd verursacht werden, sind mit einer **Deckungssumme von 10 Mio. Euro** pauschal für Personen-, Sach- und Vermögensschäden versichert.

plus **Pferde OP-Krankenversicherung** Wie sehr Sie Ihr Pferd auch lieben, vor Krankheiten und Unfällen können auch Sie es nicht bewahren. Wenn der Tierarzt operieren muss, übernehmen wir die Kosten!

dazu **Reiterunfallversicherung** Die spezielle Unfallversicherung mit Bergungskosten, Krankenhaustagegeld, Todesfall und Invaliditätsleistung für **„alle Reiter"** eines bestimmten Pferdes

dazu **Pferdehalter-Rechtsschutzversicherung** Damit Sie Ihre Ansprüche durchsetzen können, übernehmen wir im vereinbarten Umfang die erforderlichen Kosten Ihrer rechtlichen Interessenwahrnehmung, soweit keine andere Rechtsschutzversicherung besteht, die dieses Risiko abdeckt (Subsidiärhaftung). Deckungssumme 500.000 €
  ✓ Schadenersatz-Rechtsschutz   ✓ Rechtsschutz im Vertrags- und Sachenrecht
  ✓ Straf- und Ordnungswidrigkeit ✓ Verwaltungsrechtsschutz

Außerdem: Haftpflichtversicherung für Reitbetriebe, Reitschulen, Pensionsbetriebe, Reitlehrerhaftpflicht, Bereiter, Reittherapeut, Therapiepferde, Schulpferde, Verleihpferde, Kutschpferde, Voltigierpferde, Holzrückpferde, Zuchtpferde, Aufzuchtpferde, Esel, Lama, Strauß, Ziegen, Schafe,

Krankenversicherungen für Katzen, Hunde und Pferde

Unfallversicherung für die Familie, Reiterunfallversicherung

Rechtsschutzversicherung für Hunde- und Pferdehalter

Im Internet finden Sie uns unter **www.tier-und-halter.de**

Michiels Heinz-Peter
41849 Wassenberg
Charles-Lindbergh-Str. 60
☎ **02432 7036**
Angaben unter Vorbehalt Stand 01/06

REDAKTIONELLES

des kann natürlich auch der Reiter bzw. Fahrer zu Schaden kommen. Da manche der herkömmlichen Unfall-Versicherungen das Reiten als gefährliche Sportart in den Versicherungsbedingungen ausschließen, empfiehlt sich die spezielle Reiter-Unfallversicherung. Diese tritt sogar dann in Kraft, wenn der Besitzer beim Führen oder bei der Pflege des Tieres entsprechend gravierende Verletzungen davonträgt.

- **Die Kombi-Versicherung**
Immer häufiger bieten Versicherer eine Kombination aus Haftpflicht-, Kranken- und Unfall-Versicherung an, die in der Regel durch einen günstigeren Tarif gegenüber den Einzelversicherungen besonders lukrativ wird.

- **Die Transportversicherung**
Da Pferde häufig transportiert werden (durchschnittlich 1x wöchentlich bis zu 2 Stunden – siehe unseren Beitrag „Pferdetransport") ist eine Transportversicherung dringend zu empfehlen. Allerdings sind Transportrisiken häufig bereits in anderen Versicherungstarifen integriert. Es lohnt sich daher genau zu prüfen, ob der Pferdetransport z.B. bereits durch die Krankenversicherung abgedeckt ist, ob die Deckung ausreicht und ob auch wirklich alle Transporte versichert sind oder nur die von und zur Klinik bzw. zum Tierarzt.

- **Die Pferde-Lebensversicherung**
Um insbesondere bei wertvolleren Pferden die Investition abzusichern, kann eine Pferde-Lebensversicherung infrage kommen. Sie bezahlt die vereinbarte Versicherungssumme, wenn das Pferd durch Unfall oder Krankheit zu Tode kommt, bei manchen Versicherungen auch bereits dann, wenn das Pferd dauerhaft unbrauchbar zum Fahren oder Reiten wird.

- **Die Versicherung gegen Raub und Diebstahl von Pferden**
Leider kommt es ja immer wieder vor, dass Pferde von der Weide gestohlen oder in bestialischer Weise getötet werden. Auch dagegen kann man sein Tier bei etlichen Gesellschaften versichern. Häufig sind auch hier zusätzlich die Risiken bei Transport, Brand- und Blitzschlag integriert.

- **Die Rechtsschutzversicherung**
Eine der allerwichtigsten Versicherungen für Pferdehalter wie für Gelegenheitsreiter ist eine Rechtsschutzversicherung, die auch bei Streitfällen mit Pferden eintritt. Sei es durch Kauf oder Verkauf, sei es durch Haltung oder Nutzung, das Risiko mit seinem Pferd in einen Rechtsstreit verwickelt zu werden ist groß. Und da es dabei aufgrund des Wertes eines Pferdes häufig um hohe Summen geht, kann eine derartige Auseinandersetzung ohne entsprechende Rechtsschutzversicherung teuer werden.

Die Qual der Wahl
Wie eingangs bereits erwähnt ist das Angebot der Versicherer sehr groß und fast jede Gesellschaft bietet zumindest eine Tierhalter-Haftpflichtversicherung als unverzichtbare Basis für jeden Pferdebesitzer an. Doch auch, wer eine Reitbeteiligung eingegangen ist oder nur gelegentlich mit einem geliehenen Pferd unterwegs ist sollte sich Gedanken über die für ihn richtige Versicherung machen, um im Ernstfall wenigstens vor unliebsamen finanziellen Überraschungen sicher zu sein.

Wie Sie sich selbst und Ihr Pferd darüber hinaus noch zusätzlich absichern wollen, hängt von Ihren Anforderungen, vom Wert Ihres Pferdes und nicht zuletzt von Ihrem Geldbeutel ab.

Es lohnt sich deshalb, nicht nur die unterschiedlichen Tarife für die Tierhalter-Haftpflicht zu vergleichen, sondern wie bei allen Versicherungsverträgen die Unterschiede im „Kleingedruckten" genau zu beachten.

Wertvolle Informationen zu diesem Thema und eine praktische Hilfe bei der Suche nach der richtigen Versicherungsgesellschaft bieten die Internetseiten der Deutschen Reiterlichen Vereinigung (FN) unter **www.pferd-aktuell.de** oder auf Pferdeversicherungen spezialisierte Versicherungsagenturen, die Sie z.B. im Internet unter **www.tier-und-halter.de** finden. Dort gibt es auch Hinweise und spezielle Versicherungsangebote für alle, die beruflich mit Pferden zu tun haben, sei es für Reitstallbesitzer, Reitlehrer oder Vereine.

PFERDE-INFO

www.fotoagentur-dill.de

WERBEPARTNER

Man kann davon träumen...

Parelli

oder es kinderleicht lernen!

Achtung Neue Adresse!
Parelli Deutschland
Tel: 04 21 / 244 49 11
Fax: 04 21 / 244 46 91
office@patparelli.de
www.patparelli.de

- Neu: Parelli Membership, jetzt testen!
- Heimstudium, Kurse und Camps
- Natürliche Hilfsmittel
- Bücher, Videos & DVDs
- Events, Veranstaltungen

Reitschulen

Aßmus Ranch
74189 Weinsberg
Reitanlage Weißenhof
Telefon: 0 71 34 / 90 16 59

Badhof
73087 Bad Boll
Gerhard-Heyde-Weg 10
Telefon: 0 71 64 / 90 20 06
www.badhof.de · info@badhof.de

Der Sonnenhof
70378 Stuttgart · Sonnenhof 1
Telefon: 07 11 / 50 74 629
www.dersonnenhof.com

Erlenhof Reitanlage
79256 Buchenbach-Himmelreich
Erlenhofstr. 5
Telefon: 0 76 61 / 48 28
www.erlenhof-himmelreich.de

Frech Reiterhof
79618 Rheinfelden
Sengeleweg 6
Telefon: 0 76 23 / 5 07 96

Gestüt Hahnenhof
71566 Althütte · Hahnenhof 4
Telefon: 0 71 83 / 42 84 38
www.bunte-pferde.de

Happyhorses
79379 Müllheim-Vogisheim
Zizingerweg
Telefon: 0 76 31 / 17 30 44
www.happyhorses.info

Heberle Reitstall
88299 Leutkirch i.Allg.
Emerlandener Mühle 10
Telefon: 0 75 67 / 18 24 188
www.hipparion.de

Hubertushof Reitanlage
76351 Linkenheim · Friedrichstalerstr. 23
Telefon: 0 72 47 / 9 38 30
www.hubertushof-baden.de

Guldehof
88353 Kißlegg · Oberriedgarten 2
Telefon: 0 75 63 / 23 83
www.guldehof.de

Islandpferdegestüt Lichtenberg
71720 Oberstenfeld
Telefon: 0171 / 44 80 949

Königer Reiterhof
79331 Teningen/Nimb.
Breisacherstr. 2 b
Telefon: 0 76 63 / 51 19
www.reiterhofkoeniger.de

Krainbachhof
74193 Schwaigern-Massenbach
Krainbachhöfe 3
Telefon: 0 71 38 / 73 57
www.krainbachhof.de

Kretschmer Indianischer Reitstall
indianisches, gewaltfreies Reiten
71691 Freiberg · Kugelbergstr. 30
Telefon: 0170 / 244 42 53

Kühner Reiterhof
68519 Viernheim
Am Alten Weinheimer Weg 17
Telefon: 0 62 04 / 80 06

Lakö Reitschule
68229 Mannheim · Marderweg 50
Telefon: 06 21 / 47 31 62

Pferdeland Kollerinsel
67166 Otterstadt · Kollerhof
Telefon: 0 62 32 / 687 00

Pony- und Pferdefreunde e.V.
79618 Rheinfelden · Panoramastr. 3
Telefon: 0 76 23 / 5 01 66

WERBEPARTNER

www.fotoagentur-dill.de

48 PFERDE-INFO

REITSCHULEN & VOLTIGIEREN

Reiterverein Lörrach
Meisterbetrieb, Auszeichnung für Jugendarbeit
79539 Lörrach · Rheinfelderstr. 2
Telefon: 0 76 21 / 35 38
www.reitverein-loerrach.de

Reiterhof Konle
73479 Ellwanngen · Hofackerstr. 20
Telefon: 0 79 65 / 900 30
www.reiterhof-konle.de

Riegger Weiss Ausbildungsstall
73453 Abtsgmünd · Brandhof
Telefon: 0171 / 480 96 89
www.rieggerweiss.de

SAGA Reitschule Hohenlohe
74549 Wolpertshausen-Hopfach
Talstraße 8
Telefon: 0 79 07 / 94 33 19

Samshof
78333 Stockach/Raithaslach
Telefon: 0 77 71 / 91 63 52
www.samshof.de

Söhlbachtal Reitstall
71717 Beilstein-Söhlbach · Helfenbergerstr. 26
Reitlehrer 0162 / 731 37 48
Telefon: 0 70 62 / 2 35 64

Team Lämmle
79341 Kenzingen · Franzosenstraße 18
Telefon: 0 76 44 / 93 13 68
www.reitsportzentrum-kenzingen.de

Villa Kunterbunt
68542 Heddesheim · Muckensturm 23
Telefon: 0170 / 24 22 466

Weigleshof
71522 Backnang · Oltenerstr. 44
Telefon: 0 71 91 / 6 46 28
www.pferdepension-weigleshof.de

Weilerhöhe
73345 Hohenstadt · Weilerhöhe 2
Telefon: 0 73 35 / 64 67
www.weilerhoehe.de

Wersauer Hof
68799 Reilingen · Wersauer Hof 1
Telefon: 0 62 05 / 14 357

Wolf Pferdeschule
725331 Hohenstein-Meidelstetten
Steinhilber 17
Telefon: 0 73 87 / 5 79
www.willi-wolf.de

VOLTIGIEREN

Heberle Reitstall
88299 Leutkirch i.Allg.
Emerlandener Mühle 10
Telefon: 0 75 67 / 18 24 188
www.hipparion.de

Pferdeland Kollerinsel
67166 Otterstadt · Kollerhof
Telefon: 0 62 32 / 687 00

Reiterverein Lörrach
Meisterbetrieb, Auszeichnung für Jugendarbeit
79539 Lörrach · Rheinfelderstr. 2
Telefon: 0 76 21 / 35 38
www.reitverein-loerrach.de

Team Lämmle
79341 Kenzingen · Franzosenstraße 18
Telefon: 0 76 44 / 93 13 68
www.reitsportzentrum-kenzingen.de

Villa Kunterbunt
68542 Heddesheim · Muckensturm 23
Telefon: 0170 / 24 22 466

Weilerhöhe
73345 Hohenstadt · Weilerhöhe 2
Telefon: 0 73 35 / 64 67
www.weilerhoehe.de

BADEN-WÜRTTEMBERG

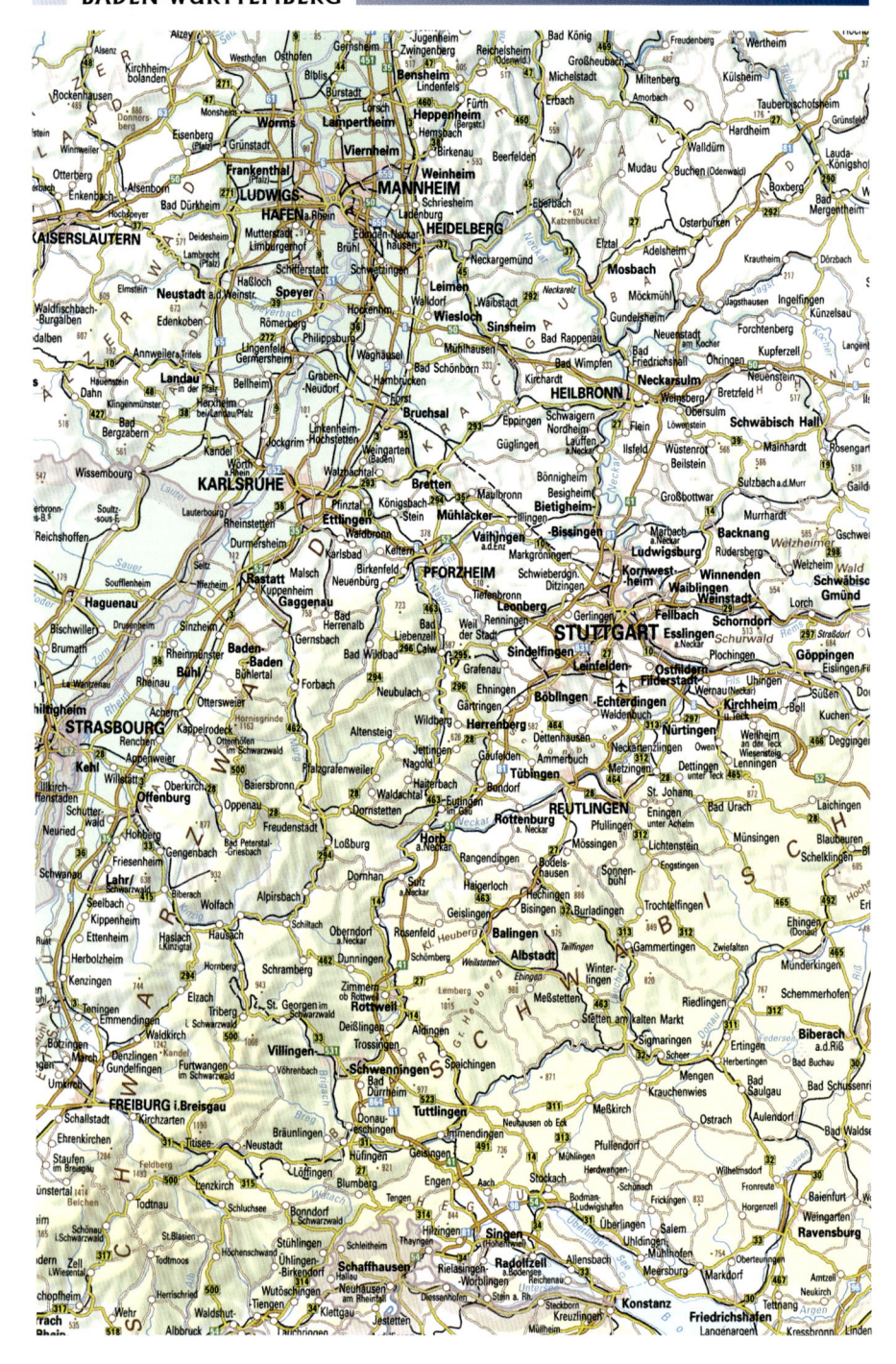

ÜBERSICHT

Regierungsbezirk Tübingen
Mit den Landkreisen:

Alb-Donau-Kreis · Biberach · Bodenseekreis · Ravensburg
Reutlingen · Sigmaringen · Tübingen · Ulm · Zollernalbkreis

Regierungsbezirk Stuttgart
Mit den Landkreisen:

Böblingen · Esslingen · Göppingen · Heidenheim · Heilbronn
Hohenlohekreis · Ludwigsburg · Main-Tauber-Kreis · Ostalbkreis
Rems-Murr-Kreis · Schwäbisch Hall · Stuttgart

Regierungsbezirk Karlsruhe
Mit den Landkreisen:

Baden-Baden · Calw · Enzkreis · Freudenstadt · Heidelberg
Karlsruhe · Neckar-Odenwald-Kreis · Mannheim · Rastatt
Rhein-Neckar-Kreis

Regierungsbezirk Freiburg
Mit den Landkreisen:

Breisgau-Hochschwarzwald · Emmendingen · Freiburg
Konstanz · Lörrach · Ortenaukreis · Rottweil
Schwarzwald-Baar-Kreis · Tuttlingen · Waldshut

Branchen ABC
Alle Regionen

PFERDE-INFO

WERBEPARTNER

www.fotoagentur-dill.de

REGIERUNGSBEZIRK TÜBINGEN

Mit den Landkreisen:
Alb-Donau-Kreis · Biberach · Bodenseekreis · Ravensburg
Reutlingen · Sigmaringen · Tübingen · Ulm · Zollernalbkreis

ÜBERSICHT DER REITSTÄLLE

1. Wittlingerhof
2. Reitanlage Sonnenhof
3. Zucht + Ausbildungsstall Schädler
4. Stall Fessler
5. Lindenhof
6. Guldehof
7. Reitstall Heberle
8. Birkenhof
9. Mittlere Alb zu Pferde e.V.
10. Pferdeschule Wolf
11. Aspenhof

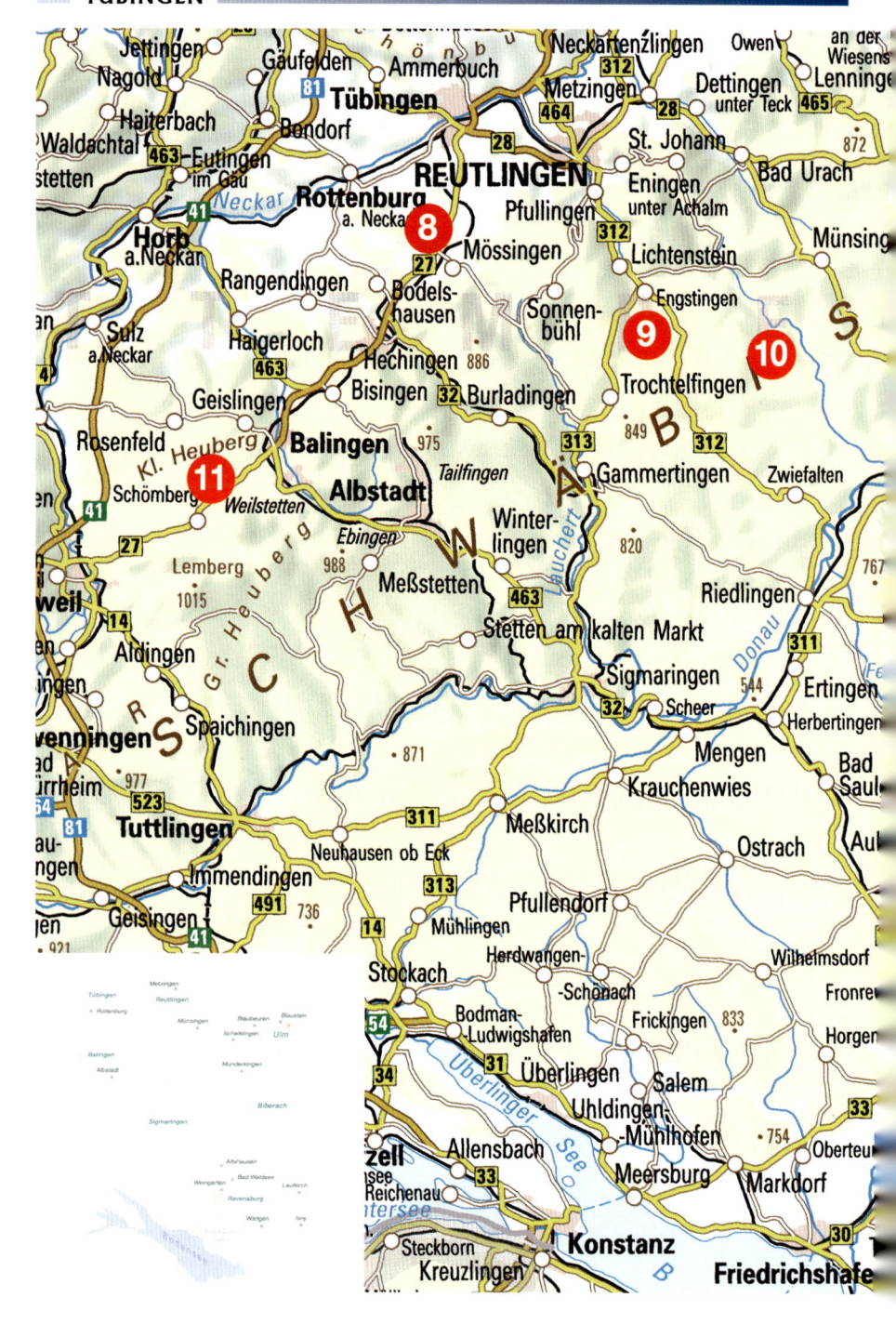

TÜBINGEN

TÜBINGEN

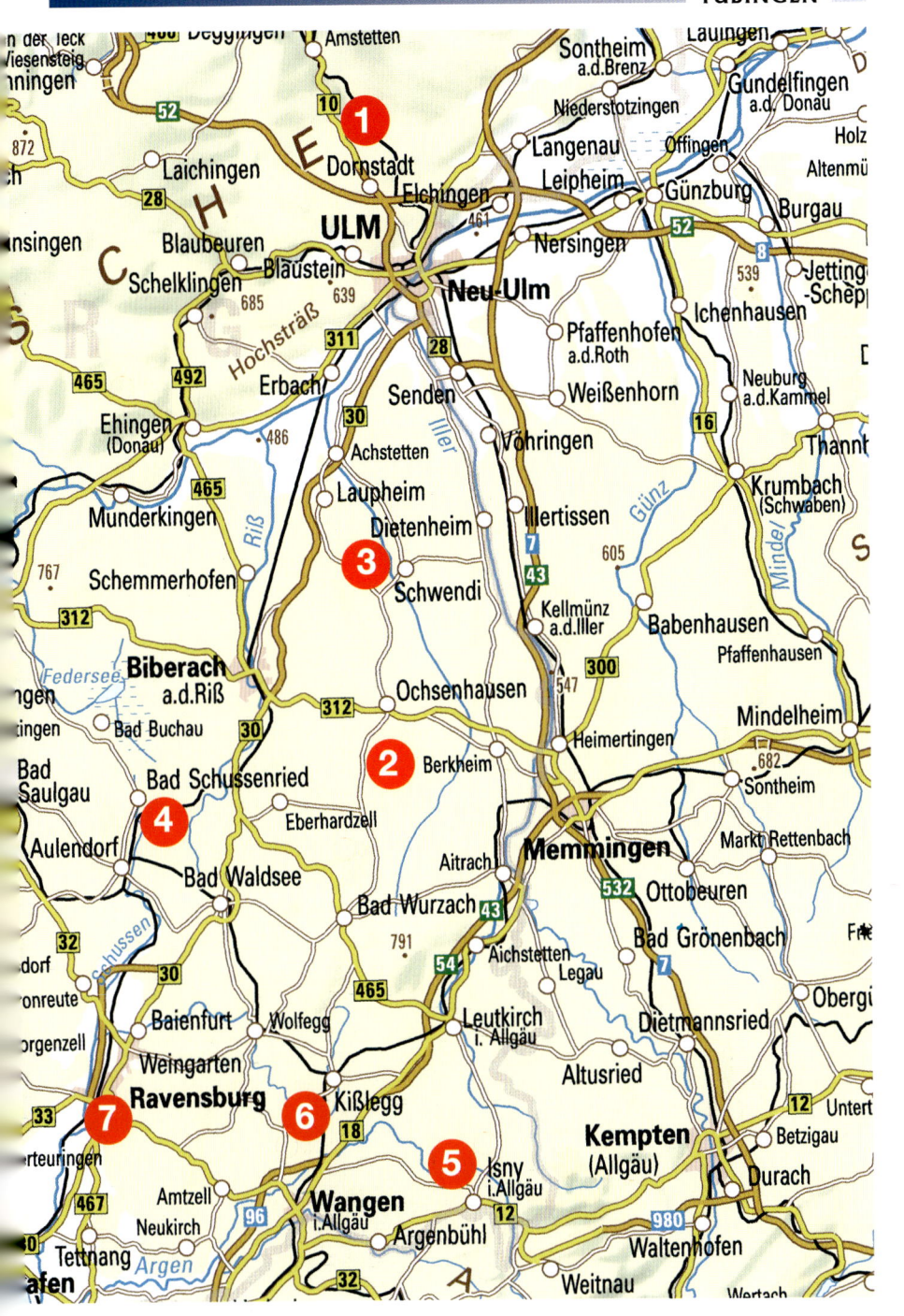

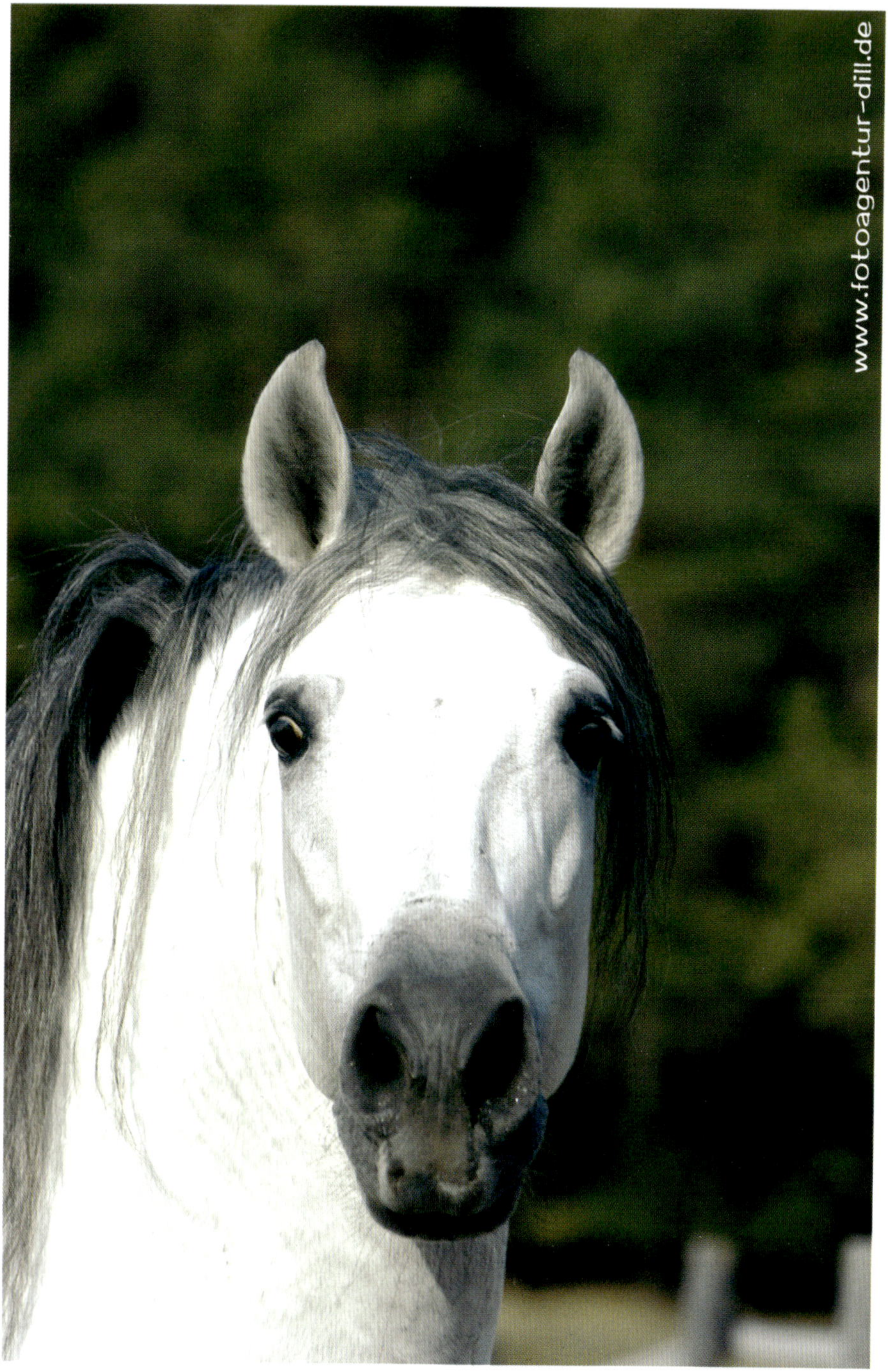
www.fotoagentur-dill.de

ALB-DONAU-KREIS – TÜBINGEN – 1 –

WITTLINGERHOF

WITTLINGERHOF

Besitzer: Iris + August Scheiffele
Klosterstr. 8 · 89160 Dornstadt
Tel.: 0 73 36 / 85 74 · Fax: 0 73 36 / 85 75
www.gestuet-wittlingerhof.de

Ausbildung/Termine/Lehrgänge: Pat-Parelli Kurs (2-6. Mai 2006)
Tag der offenen Tür 1. Mai 2006

Pferdehaltung: 20 Paddockboxen, 12 Plätze in Offenstallhaltung
15 Koppeln 8 ha, 4 Paddocks 1000 qm, Hengsthaltung
Reithalle 20 x 40, Allwetterplatz 20 x 60, Rasenplatz 8000 qm und
Galoppbahn 500 m (in Planung), Waschplatz, Solarium, Stüberl, Duschmöglichkeit

Preise: 150.-- bis 350.-- €

Extras: Übernachtungsmöglichkeiten für 4 Pferde und 4 Reiter
Biolandbetrieb, eigenes Heu und Hafer in Bio-Qualität
Weideanlage mit Equi-Wire eingezäunt, herrliches Ausreitgelände auf der
Schwäbischen Alb mit abwechslungsreichen Böden

Lage: A 8 Ausfahrt Merklingen 8 km, B 10 Ulm Ausfahrt Luizhausen 5 km

FREIZEIT

– 2 – TÜBINGEN – BIBERACH
REITANLAGE SONNENHOF

REITANLAGE SONNENHOF

Besitzer: Fam. Mayer / Fam. Bopp
Eichen 4 · 88430 Rot a. d. Rot
Tel.: 0 75 68 / 96 01 44 · Fax: 0 75 68 / 96 00 80
n.bopp@gmx.de

Ausbildung/Termine/Lehrgänge: Dressur bis Kl. S, Springen bis Kl. L
Lehrgänge auf Anfrage

Pferdehaltung: 14 Paddockboxen, 2 x 8 Plätze in Offenstallhaltung
Koppeln 4 ha, Paddocks á 12 qm, befestigter Allwetterauslauf
Reithalle 20 x 40, Sandplatz 20 x 60 (wird erstellt), Waschplatz, Solarium

Preise: Boxen 260.-- Laufstall 240.-- €

Extras: Übernachtungsmöglichkeiten für 2 Pferde
für Reiter sind 4 Ferienwohnungen vorhanden, wunderschöne Reitanlage in
Alleinlage, herrliches Ausreitgelände ab Reitanlage, täglicher Weidegang

Lage: 20 Min. von Memmingen, A 7 Ulm-Kempten, A 96 München Lindau

WERBEPARTNER

Alternative Therapiemethoden für Tiere e.V.

Gabi Gorgs

- Energetische Osteopathie
- Manuelle Therapie
- Akupunktur
- Bioresonanztherapie
- Homöopathie

Mob +49 (0)160 94 98 43 06   therapie@gabigorgs.de

Tübingen

Tierärztliche Klinik für Pferde
Gerhard Assmann
Fachtierarzt für Pferde

Mannsnetterstraße 28 · 88145 Opfenbach
Tel.: 0 83 85 / 9 22 00 · Fax 0 83 85 / 92 20 20

24 h Notdienst · konservative/chirurgische Kolikbehandlung · Intensivmedizin
Unfallchirurgie · internistische/orthopädische Diagnostik · Reheforschung und Behandlung ·
ambulante und stationäre Betreuung · künstliche Besamung

cobra®
www.cobrasaettel.de
Pferdegerechte Sättel
Die innovativen Sattelprogramme
cobra® Amerigo vega **für Sport und Freizeit!**

Einkreut 33, 84061 Ergoldsbach, Tel. 08773/708870, Fax: 08773/707870

Krämer
Tel.: 01 80 / 5 94 94 00
Fax: 01 80 / 5 94 94 88
info@kraemer-pferdesport.de
www.kraemer-pferdesport.de

MEGA STORE
SCHWABEN A7/A8
AUSFAHRT LANGENAU
ab April 2006

PFERDE-INFO

– 3 – TÜBINGEN – BIBERACH

ZUCHT + AUSBILDUNGSSTALL SCHÄDLER

ZUCHT + AUSBILDUNGSSTALL SCHÄDLER

Betriebsleiterin: Marisa Schädler
Ziegelei 3 · 88487 Mietingen
Tel.: 0 73 92 / 96 29 08 · Fax -96 25 63 · Mobil 0173 / 43 93 170
marisaschaedler@web.de

Ausbildung/Termine/Lehrgänge: Zucht- und Ausbildungsbetrieb Pferdewirt FN und Pferdewirtschaftsmeister Z+H, Anreiten, Grundausbildung Turniervorstellung, vielseitige Ausbildung von Pferd und Reiter, Einzelunterricht spezialisiert auf Springen und Vielseitigkeit, Zuchtstuten- und Fohlenpension

Pferdehaltung: Außenboxen, Abfohlboxen, Laufstall, Koppeln 4 ha Sandplatz 30 x 60, Waschplatz, Solarium

Preise: Großpferd ab 180.–– / Fohlen 120.–– €

Extras: kleiner überschaubarer Pferdebestand, sorgfältige Betreuung sehr schönes Ausreitgelände in waldreicher Gegend

Lage: Ortsrandlage ca. 5 km zur B 30 20 km südlich von Ulm

SPRINGEN / VIELSEITIGKEIT / ZUCHTSTUTEN

Stall Fessler

Stall Fessler

Besitzer: Hugo Fessler
Dunzenhausen 5 · 88427 Bad Schussenried
Tel.: 0 75 83 / 31 55 · Mobil: 0175 / 560 40 94
Fax: 0 75 83 / 92 79 27
www.team-fessler.de

Ausbildung/Termine/Lehrgänge: Dressur und Springen bis Kl. S
Anfänger Reitstunden, Termine auf Anfrage

Pferdehaltung: 6 Außenboxen, 55 Innenboxen mit Fenster, Koppeln 10 ha
Führmaschine, Reithalle 20 x 60, Sandplatz 30 x 50, Allwetterplatz 20 x 40
Waschplatz, Stüberl

Preise: 220.-- €

Extras: wunderschönes Ausreitgelände in freier Natur
familiäre Atmosphäre
auf beste Futterqualität in ausreichender Menge wird besonderer Wert gelegt
kostenfreier Koppel-/Führmaschinen Bring-/Holservice

Lage: herrliche Alleinlage zwischen Bad Schussenried und Steinhausen

– 5 – TÜBINGEN – RAVENSBURG

LINDENHOF

LINDENHOF
Besitzer: Dr. Ilke Hillermeier
Albert Landwehr
Ratzenhofen 5 · 88316 Isny
Tel.: 0172 / 819 09 36
www.lindenhof-isny.de
albert-landwehr@t-online.de

Ausbildung/Termine/Lehrgänge: Dressur Anfänger bis Grand Prix
Springtraining möglich, kein Schulbetrieb

Pferdehaltung: 20 Außenboxen, 6 Innenboxen
Koppeln 5 ha, Reithalle 20 x 40 (zum Betrieb gehörend),
Reithalle 20 x 60 und Sandplatz 30 x 80 sind 400 m entfernt und für Mitglieder
des RV Isny zur Verfügung, Waschplatz, Solarium, Stüberl

Preise: auf Anfrage

Extras: Übernachtungsmöglichkeiten für 2 Pferde
schönes Ausreitgelände
Schöner gepflegter Reitstall mit familiärer Atmosphäre
eigene Weiden, eigenes Heu
je nach Wetterlage Koppelgang in kleinen Gruppen oder einzeln
individuelle Fütterung 3 x täglich

Lage: 2 km östlich von Isny im Landschaftsschutzgebiet in einem hübschen Weiler
idyllische Lage im herrlichen Voralpengebiet

WERBEPARTNER

NEU: einzigartige Zusammensetzung!

Endlich Alles in einem Produkt!
(kein Doping)

Tübingen

PerCaval's TOP-SPORT

Ergänzungsfutter speziell für Sportpferde
(besonders auch empfohlen für das junge Sportpferd zur besten Aufzucht bzw. ab Trainingsbeginn)

Optimierte Versorgung, **keine weiteren Zugaben mehr notwendig, hochdosiert mit allen** Vitaminen, Mineralstoffen, Spurenelementen, Aminosäuren, Lecithin, L-Carnitin, Kolostrum, Pflanzenmischung

bewirkt:
- Aufbau, Stabilisierung und Funktionserhalt des Knochengerüsts
- Steigerung von Leistung, Ausdauer und Rittigkeit
- Verkürzung der Regenerationsphase
- Aufbau, Lockerung und Schutz vor Übersäuerung der Muskulatur
- Ausgeglichenheit bei der Bewältigung von Streßsituationen

Zusammensetzung in v.H.:
Calciumcarbonat 25.3
Magnesiumoxid 4.6
Calcium-Natrium-Phospat 9.9
Natriumchlorid 1.8
DL-Methionin 1.2
L-Lysin-Monohydrat 4.2
Tryptophan 0.6
Zuckerrübenmelasse 3.5
Biertreber 6.9
Bierhefe 5.1
Kolostrum 0.1
Lecithin 0.5
Kräuter-, Früchte- und
Gemüsemischung 15.0
Weizenfuttermehl 12.9
Bockshornklee 3.0

Inhaltsstoffe in v.H.:
Calcium 12.6
Phospor 1.8
Natrium 1.2
Magnesium 2.5
Methionin 1.2
Lysin 4.1
Tryptophan 0.6

Zusatzstoffe je kg:
Vitamin A 420.000 I.E.
Vitamin D3 24.000 I.E.
Vitamin E (a-tocopherolacetat) 20.800 mg
Vitamin B1 275 mg
Vitamin B2 275 mg
Vitamin B6 275 mg
Vitamin B12 600 mcg
Vitamin K3 60 mg
Biotin 140.000 mcg
Cholinchlorid 6.000 mg
Folsäure 90 mg
Niacin 600 mg
Calciumpantothenat 480 mg
Eisen in Eisensulfat 1200 mg
Jod in Calciumjodat 24 mg
Kobalt in Kobaltsulfat 24 mg
Kupfer in Kupferoxid 375 mg
Mangan in Manganoxid 600 mg
Selen in Natriumselenit 6.2 mg
Zink in Zinkoxid 1620 mg
Carnitin 265 mg
Lecithin 2660 mg

Fütterungsempfehlung pro Pferd / pro Tag
in Ruhe: 20 g (1 Eßlöffel)
im Training / während der Turniersaison: 30 g (1 ½ Eßlöffel)
Sportponys entsprechend ca. die Hälfte
Einige Tage vor und während besonders hoher Belastung kann die Tagesration bis zur doppelten Menge erhöht werden.

Preis: 1 kg: 19,90 (entspricht ca. 1 Monatsration)
3 kg: 49,50
10 kg: 145,00

hergestellt für/
Infos bei:

PerCaval
Untere Hauptstr. 37 a, 86441 Zusmarshausen
Tel.: 08291 / 16 91 57, Fax: 08291 / 16 91 58,
e-mail: info@percaval.de

PFERDE-INFO

– 6 – TÜBINGEN – RAVENSBURG

GULDEHOF

GULDEHOF

Besitzer: Konrad Sontheim
Oberriedgarten 2 · 88353 Kißlegg
Tel.: 0 75 63 / 23 83 · www.guldehof.de · www.hengstfohlenweide.de

Ausbildung/Termine/Lehrgänge: Reitunterricht für Anfänger, Kinder + Erwachsene
Ferien mit dem eigenen Pferd, 3 Schulpferde

Pferdehaltung: 7 Innenboxen mit Fenster, 15 Plätze in Offenstallhaltung
Koppeln 20 ha, Hengsthaltung und Aufzucht (25 Plätze), befestigter Laufhof ca. 1.000 qm, Longierzirkel, Sandplatz 20 x 40, Waschplatz, Stüberl

Preise: auf Anfrage

Extras: Unsere Junghengstaufzucht in einem alters- und rassegemischten Herdenverband vom Absetzer bis zu vierjährigen Hengsten führt zu einem ausgeprägten Sozialverhalten in einer friedlichen und ausgeglichenen Herde. Die robuste, artgerechte ganzjährige Haltung mit viel Auslauf auf den großen, leicht hängenden, teilweise auch steilen Weiden führt zu einer guten Bemuskelung und Trittsicherheit.
Auch im Sommer ist Rauhfutter immer zusätzlich zum Gras frei verfügbar.

Lage: zu erreichen über A 96, AB-Ausfahrt Kißlegg/Waltershofen

WERBEPARTNER

WWW.TRAILRIDER.DE Elke.Steeb@Trailrider.de

TRAIL RIDER
- ELKE STEEB • DIPLOM REITPÄDAGOGIN -

Western- & Wanderreitzubehör
Sattelmobil & Futtermittel

Packsättel & Pferdeanhänger
Verkauf und Verleih

Professionelle Beratung:
Auch bei Ihnen Zuhause!

Waldstetter Straße Nr. 12   Telefon: 07433/385255
72336 Balingen-Frommern   Fax: 07433/385254

Tübingen

TIERÄRZTLICHE FACHKLINIK FÜR PFERDE
TIERÄRZTLICHE PRAXIS FÜR KLEINTIERE
Elchingen

Dr. Eberhard Adamo   **Dr. Jan-A. Sichert**   **Dr. Claudia Adamo**
Chiropraktik & Betreuung   Fachtierarzt für Pferde   Kleintiere
Von Pferdesportveranstaltungen   Fachtierarzt für Chirurgie

unsere Leistungen: Anschrift:

• Digitales Röntgen   Tierklinik Elchingen
• Digitale Endoskopie   Weissingerstaße 25
• Lasertherapie   89275 Elchingen
• Sonographie   Telefon 07308-922060
• Arthroskopie   Telefax 07308-922062
• Alle Standardoperationen   info@tierklinik-elchingen.de
• Ambulante & stationäre Versorgung   www.tierklinik-elchingen.de

24-Stunden-Notdienst für Pferde & Kleintiere

PFERDE-INFO

– 7 – TÜBINGEN – RAVENSBURG
REITSTALL HEBERLE

REITSTALL HEBERLE
DER KINDERREITSTALL IM ALLGÄU!

Besitzer: Yvonne Neubert-Heberle
Emerlander Mühle 10 · 88299 Leutkirch i.Allg. OT Emerlanden
Tel. + Fax: 0 75 67 / 18 24 188
Internet: www.hipparion.de · Reitstall-Heberle@t-online.de

Ausbildung/Termine/Lehrgänge: Y. Neubert-Heberle, Trainerin-B Dressur
Ausbilderin für Reiten als Gesundheitssport, Dipl. Sozialpädagogin

Reitunterricht: · Zwergenvolti (3-6 J.) · Spielend-Reiten (6-12 J.)
Maxi-Reiten (12-18 J.) · Turnierförderung bis Kl. M
Reiten als Gesundheitssport · Heilpädagogisches Reiten.
Wir arbeiten nach kindgerechten Lernkonzepten und mit gut ausgebildeten Schulpferden in kleinen Gruppen

Alle Kinder werden ausschließlich qualifiziert betreut und sind voll versichert

Lage: 10 min zur A96, im Dreieck Kempten-Isny-Leutkirch

REUTLINGEN – TÜBINGEN – 8 –

BIRKENHOF

BIRKENHOF

Besitzer: Bettina und Rainer Armbruster
Diebenloch 1 · 72770 Gönningen
Tel.: 0 70 72 / 13 19 77 · Fax: 0 70 72 / 91 25 08
Internet: www.pferdepension-armbruster.de

Ausbildung/Termine/Lehrgänge: auf Anfrage

Pferdehaltung: 10 Paddockboxen, 22 Innenboxen mit Fenster, 12 Boxen in Offenstallhaltung, 3 sep. Abfohlboxen für Fremdstuten, Koppeln 8 ha Allwetterauslauf, Hengsthaltung, Reithalle 20 x 40, Sandplatz 20 x 60 (Ebbe-Flut-System), Rasenspringplatz 30 x 60, Solarium, Stüberl

Preise: 300.-- bis 350.-- €

Extras: Für Ihre Hengst- bzw. Stutfohlen bieten wir, nach Jahrgang und Geschlecht getrennt, Offenlaufstallboxen mit befestigten Außenpaddocks für insgesamt 30 Fohlen in Gruppen von 8 Pferden. Schönes Ausreitgelände direkt ab Hof

Lage: Von der Autobahn A8 Stuttgart. Ausfahrt Reutlingen / Tübingen - B27 nach Reutlingen (nicht über Metzingen 312) fahren!

DRESSUR / SPRINGEN / FREIZEIT / AUFZUCHT

– 9 – TÜBINGEN – REUTLINGEN

MITTLERE ALB ZU PFERDE E.V.

MITTLERE ALB ZU PFERDE E.V.

Vorstand: Julia Krüger + Willi Wolf
Karlstr. 4 · 72829 Engstingen
Tel.: 0 71 29 / 93 05 27 · Fax: 0 71 29 / 93 09 40
Internet: www.wanderreiten-alb.de

Termine: ganzjährig Termine siehe Internetseite www.wanderreiten-alb.de

Stallungen: jeder Betrieb verfügt über Außenboxen, Offenstallhaltung Koppeln, Paddocks, Waschplätze, Stüberl und Übernachtungsmöglichkeiten für Pferde und Reiter
Preise für die Pferdeboxen 5.-- bis 10.-- €

Mittlere Alb zu Pferde e.V. ist ein Zusammenschluß von Wanderreitstationen und Wanderreittouren im Herzen der Schwäbischen Alb im Kreis Reutlingen. Die Reitwege verlaufen in einer einmaligen Kultur- und Naturlandschaft durch teilweise einsame Gegenden, über Wacholderheiden bis hin zu vielen Sehenswürdigkeiten wie z.B. Schloß Lichtenstein, Bärenhöhle, Lautertal, Landgestüt Marbach. Wichtig ist dem Verein: Naturschutz, die Förderung regionaler Produkte und ein Reitangebot für Einsteiger, Wiederaufsteiger und "Profis".

REUTLINGEN – TÜBINGEN – 10 –

PFERDESCHULE WOLF

PFERDESCHULE WOLF

Besitzer: Willi Wolf
Steinhilber Str. 17 · 72531 Hohenstein-Meidelstetten
Tel.: 0 73 87 / 5 79 · Fax: 0 73 87 / 98 44 09
Internet: www.willi-wolf.de

Ausbildung/Termine/Lehrgänge: Westernreiten, Ausbildung in allen Rinderklassen
Schulbetrieb auf 10 Schulpferden · Lehrgänge auf Anfrage

Pferdehaltung: 25 Einstellmöglichkeiten in Außenboxen und Offenstallhaltung
Paddocks je 9 qm, Koppeln 46 ha, Hengsthaltung, Reithalle 22 x 36
Stüberl, Duschmöglichkeit

Preise: 230.-- €

Extras: Übernachtungsmöglichkeiten für 15 Pferde / 15 Reiter,
Themenritte von einem bis fünf Tage, die Wege führen durch abwechslungsreiche
Landschaften Hügel, Heiden, Täler und entlang von Bachläufen
Mitglied bei Mittlere Alb zu Pferde e.V.

Lage: Zwischen Reutlingen und Riedlingen an der B 12

FREIZEIT / WESTERN / SCHULBETRIEB

11 – TÜBINGEN – ZOLLERNALBKREIS

ASPENHOF

ASPENHOF

Besitzer: August Koch
Aspenhof 1 · 72369 Zimmern u. d. Burg · Tel.: 01 74 / 266 87 10

Ausbildung/Termine/Lehrgänge: auf Anfrage

Pferdehaltung: 3 Außenboxen mit Paddock/Koppel
26 Plätze in Offenstallhaltung
Koppeln 10 ha, Paddocks á 60 qm, Allwetterplatz 20 x 50, Waschplatz

Preise: 190.-- €

Extras: Wunderschönes Ausreitgelände optimal für Barhufpferde, da viele Wiesenwege, wenig Schotterweg, wenig Straßen
26 Pferde im Offenstall mit Fressständern in 3 Gruppen mit 24 Std. Auslauf und Koppelzugang, auch Boxenpferde, Reittherapie für Menschen jeden Alters, der freudvolle Umgang mit dem Pferd löst Blockaden und fördert den Weg zur eigenen Mitte

Lage: Einzellage bei Schömberg zwischen Rottweil und Balingen

WERBEPARTNER

Tübingen

SATTEL
Meisterbetrieb
Die Sattlerei in Ravensburg

Öffnungszeiten:
Mo, Di, Fr 8.00 - 17.00
Mittwoch geschlossen
Donnerstag 8.00 - 18.00
Samstag 8.00 - 13.00 Uhr

Tanja Missalek

Die Sattlerei in Ravensburg · Tanja Missalek

→ Pferdedecken
  Wasch- und Reparaturservice
→ Spezialanfertigungen
→ Reitsportbedarf
→ Reparaturen aller Art
→ Fachkundige Beratung

**Schussenstraße 18 · 88212 Ravensburg
Telefon/Fax 0751 / 2 33 87**

---

cobra®
www.cobrasaettel.de
Pferdegerechte Sättel
Die innovativen Sattelprogramme
cobra® · Amerigo · vega
für Sport und Freizeit!
Einkreut 33, 84061 Ergoldsbach, Tel. 08773/708870, Fax: 08773/707870

Krämer
Tel.: 01 80 / 5 94 94 00
Fax: 01 80 / 5 94 94 88
info@kraemer-pferdesport.de
www.kraemer-pferdesport.de

MEGA STORE
SCHWABEN A7/A8
AUSFAHRT LANGENAU
ab April 2006

Geschenktip!
www. **equi-art** .de
Tierzeichnungen nach Foto
Portraits Körperstudien Ganzkörperzeichnungen

Kreatives rund um Pferde und Reitsport
Logo Banner Visitenkarten Flyer

Dipl.Designerin Kerstin Gburek-Bahr
08145 - 92 80 84

PFERDE-INFO

WERBEPARTNER

Equestrian Center

Markus Beutel
0049 (0) 172 / 8304146

Richard Grom
0049 (0) 0171 / 1962742

www.equestrian-center.de
info@equestrien-center.de

Altisried 22
D-87733 Markt Rettenbach
Tel.: 0049 (0) 83 92 / 93 45 90
Fax: 0049 (0) 83 92 / 93 45 91

Professionelle Ausbildung von Pferd und Reiter

u.a.

Trainer des Bundeschampion des 5-jährigen Springponys 2004 "Douglas Junior" und seiner Reiterin Stefanie Görlich

Trainer von Beat Mändli, Schweizer Meister 2004

Trainer von Thomas Hahn, erfolgreiche Teilnahme am Bundeschampionat 2004

Vorbereitung, Qualifikation und Vorstellung Bundeschampionat 2004 des gekörten Staatshengstes "Que Sera" für das Haupt- und Landgestüt Schwaiganger

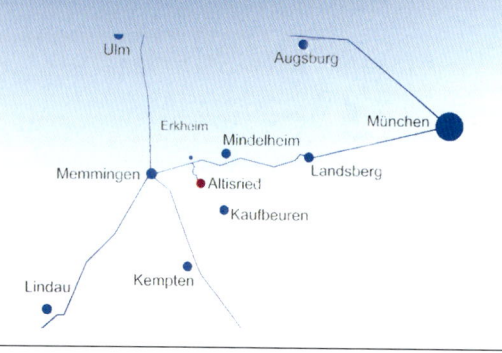

REGIERUNGBEZIRK STUTTGART

Mit den Landkreisen:
Böblingen · Esslingen · Göppingen · Heidenheim · Heilbronn
Hohenlohekreis · Ludwigsburg · Main-Tauber-Kreis · Ostalbkreis
Rems-Murr-Kreis · Schwäbisch Hall · Stuttgart

ÜBERSICHT DER REITSTÄLLE

1. Reitanlage Rau
2. Pensionsstall Berghof
3. Badhof
4. Weilerhöhe
5. Gestüt Birkhof
6. Aßmus Ranch
7. Pferdeparadies Krainbachhof
8. Reitstall im Söhlbachtal
9. Kümmerle´s Birkenhof
10. Reitanlage Schlüsselburg
11. Pferdehof Schönblick
12. Martinshof
13. indian. Reitstall Kretschmer
14. Zucht + Reitstall Schneider
15. Islandgestüt Lichtenberg
16. Reiterhof + Hotel Konle
17. Ausbildungsstall Riegger Weiss
18. Kocherhof
19. Pferdezucht Pfitzer
20. Leintalhof
21. Pferdepension Weigleshof
22. Equirena
23. Gestüt Hahnenhof
24. Ausbildungsstall Ellinger
25. SAGA Reitschule

STUTTGART

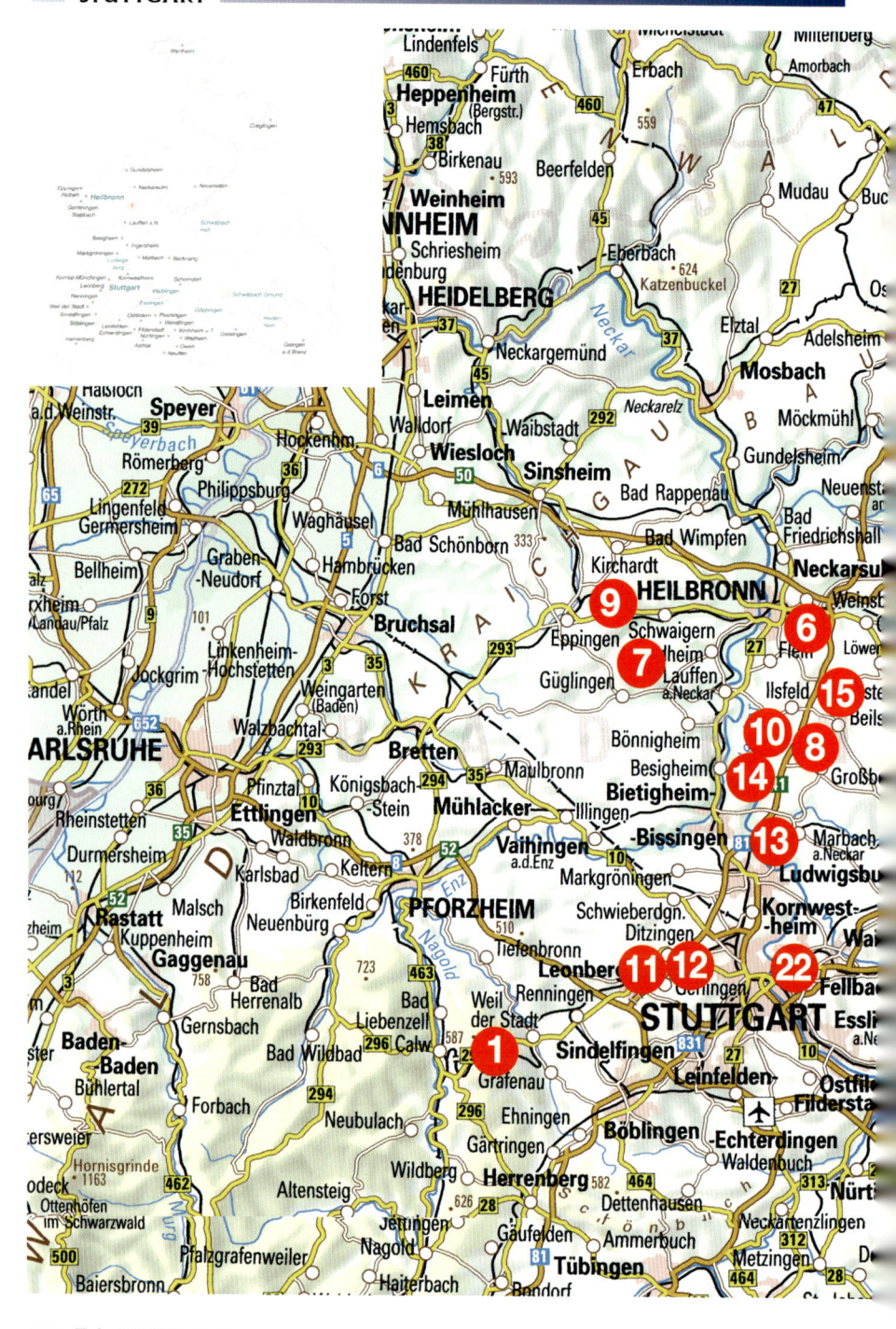

74 PFERDE-INFO

STUTTGART

PFERDE-INFO 75

– 1 – STUTTGART – BÖBLINGEN

REITANLAGE RAU

Führanlage   Reithalle

- Reithalle 23 x 40 m mit Zuschauertribüne
- Longierhalle 18 x 18 m
- Führanlage
- helle große Boxen (Innen-, Außen- und Paddockboxen)
- separater Putzplatz, Waschplatz und Solarium
- Sattelkammer
- großzügige Koppeln
- ruhige Lage außerhalb von Weil der Stadt
- wunderschönes Ausreitgelände mit unzähligen Möglichkeiten

Familie Rau · Hof Sindelfinger Weg · 71263 Weil der Stadt · Tel.: 0 70 33 / 64 98
Fax 0 70 33 / 30 32 55 · Mobil: 01 74 / 3 25 45 56 · eMail: markus.rau1@gmx.net

DRESSUR / SPRINGEN / FREIZEIT

WERBEPARTNER

Pferdeklinik am Ried

Dieselstr. 11
89129 Langenau
Tel.: 0 73 45 / 23 75 66
Fax: 0 73 45 / 23 75 67
E-Mail: dr.klausbosler@t-online.de

www.pferdeklinik-am-ried.com

Stuttgart

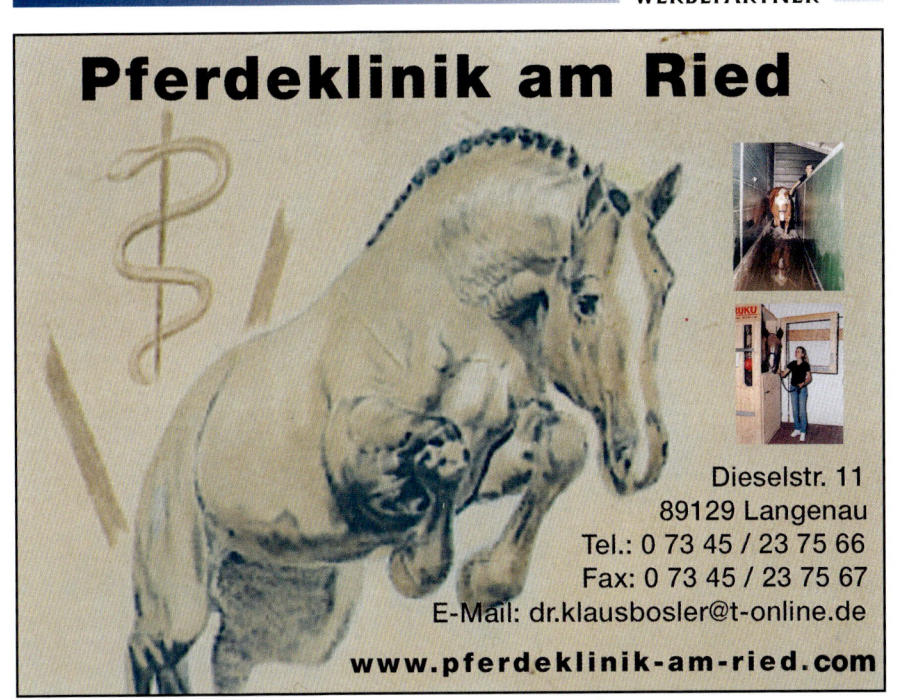

Krämer

Tel.: 01 80 / 5 94 94 00
Fax: 01 80 / 5 94 94 88
info@kraemer-pferdesport.de
www.kraemer-pferdesport.de

MEGA STORE

SCHWABEN A7/A8
AUSFAHRT LANGENAU

ab April 2006

www.pferdeinfo.com

PFERDE-INFO

– 2 – STUTTGART – ESSLINGEN

PENSIONSSTALL BERGHOF

PENSIONSSTALL BERGHOF

Besitzer: Markus, Brigitte und Andreas Hornung
Berghof 1 · 73249 Wernau
Tel.:/Fax: 0 71 53 / 3 27 31

Ausbildung/Termine/Lehrgänge: Lehrgänge auf Anfrage, kein Schulbetrieb

Pferdehaltung: 23 Paddockboxen, 23 Innenboxen mit Fenster
4 Innenboxen ohne Fenster, , Longierhalle Ø 17 m
Reithalle 20 x 40, Allwetterplatz 25 x 65 (beleuchtet)
Waschplatz, Solarium, Stüberl, Duschmöglichkeit

Preise: Boxen 200.-- bis 330.-- €

Extras: 3 x täglich füttern, 2 x tägl. misten mit
zu 100 % eigenerzeugtem Futter und Einstreu
ausschließlich von den Betriebsleitern
sehr freundliche, tolerante und unternehmungslustige Stallgemeinschaft

Lage: 5 Min. von B 313 Ausfahrt Wernau, 8 Min. A 8 Ausfahrt Wendlingen

DRESSUR

WERBEPARTNER

Sattelschränke

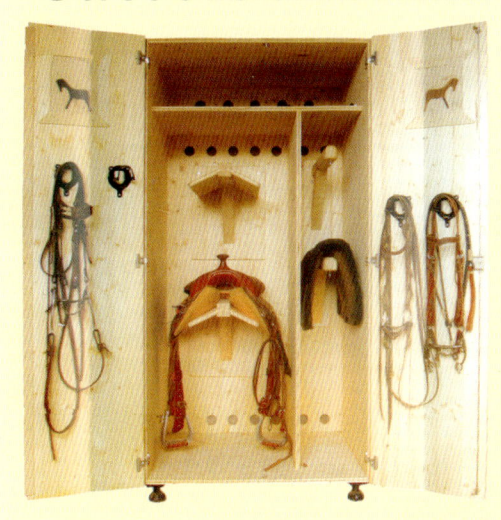

HOLZ HAND WERK

Holzhandwerk
Raiffeisenstr. 18

83607 Holzkirchen
Tel.: 08024/608153
Fax: 08024/608154

www.schreinerei-hhw.de

Nach Absprache
Besichtigung auf der
Penny Well Ranch möglich

Stuttgart

Wir zeigen Ihnen wie Sie in Zukunft Ihr hochwertiges
Equipment optimal aufbewahren

---

derFUTTERSHOP.de

Der **24 h - Online** Shop für Futter und mehr …!
Über 600 Artikel von namhaften Herstellern.
Noch Fragen? — Schauen Sie doch mal rein!
www.**derFuttershop**.de — oder besuchen Sie uns direkt in Degerndorf

AGROBS *GmbH* • Angerbreite 27 • 82541 Degerdorf
Telefon 08171/10831 • Telefax 08171/72833
info@agrobs.de • www.agrobs.de

Tierheilpraxis für Pferde - Julia Melanie Hahlweg

Hohenzollernstraße 9 - 71263 Weil der Stadt
Tel: +49 (0) 7033 - 46 40 91 - Mobil 0173 - 92 50 486

www.tierheilpraxis-fuer-pferde.de

Naturheilverfahren:
Aderlass - Akupunktur - Bachblüten - Blutegel - Eigenblut
Homöopathie - Lymphdrainagen - Massagen - Phytotherapie

PFERDE-INFO

WERBEPARTNER

PerCaval's

Korrespondenz-Service **Manuela Burghart**

Das SCHREIBBÜRO mit dem Wortschatz rund um´s PFERD ....
(..... selbstverständlich nicht *nur* um´s Pferd)

ideal für
Rechtsanwälte, Gutachter, Tierkliniken .....

Korrespondenz-Service
Manuela Burghart
Untere Hauptstr. 37 a
86441 Zusmarshausen
Telefon: 08291 / 16 91 57
Telefax: 08291 / 16 91 58
e-mail: manuela.burghart@web .de

*preiswert   diskret
flexibel   100 % zuverlässig
hohe Einsatzbereitschaft
rasch
perfekt an Tastatur,
in Wort und Schrift*

GÖPPINGEN – STUTTGART – 3 –

BADHOF

BADHOF

Besitzer: Stefan Müller, Pferdewirtschaftsmeister FN
Gerhard-Heyde-Weg 10 · 73087 Bad Boll
Tel.: 0 71 64 / 90 20 06 · Fax: 0 71 64 / 90 20 08
www.badhof.de · info@badhof.de

Ausbildung/Termine/Lehrgänge: Dressur Michael Bühl bis Grand Prix
Ausbildung von Jungpferden, Championatsvorbereitung,
Reitunterricht für Freizeitreiter, Springgymnastik, 6 Schulpferde

Pferdehaltung: neuer moderner Stall, 20 Außenboxen, 10 Paddockboxen
10 Innenboxen mit Fenstern, Koppeln 20 ha, Longierzirkel, Freilaufführanlage
2 Reithallen 20 x 40 und 18 x 40, Allwetterplatz 25 x 65, Waschplatz, Solarium, Stüberl

Preise: 325.–– bis 465.–– €

Extras: Übernachtungsmöglichkeiten für 10 Pferde und 10 Reiter (4 DZ, 2 EZ)
125 Jahre alter Gutshof, Familienbetrieb in 3. Generation
langjährige Erfahrung in Pferdehaltung, eine Reitanlage mit besonderem Flair
Zucht und Aufzucht von Pferden

Lage: Lage am Fuße der Schwäbischen Alb, idyllische und reizvolle Landschaft
eigebettet von Wiesen und Wäldern, ideale Anbindung an die Autobahn A 8

DRESSUR / FREIZEIT / SCHULBETRIEB

– 4 – STUTTGART – GÖPPINGEN

WEILERHÖHE

WEILERHÖHE

Besitzer: Jörg Schlotterbeck
Weilerhhöhe 2 · 73345 Hohenstadt
Tel.: 0 73 35 / 64 67 · Fax: 0 73 35 / 92 13 54
Internet: www.weilerhoehe.de

Ausbildung/Termine/Lehrgänge: Dressur Waltraut Kniehl-Gräf (Mobil: 0171/3842356) bis Kl. S, Longenunterricht, geführte Ausritte, Reiterferien, Voltigieren, Ponyreiten, 18 Schulpferde

Pferdehaltung: 5 Paddockboxen, 50 Innenboxen, 12 Plätze in Offenstallhaltung
Koppeln 12 ha, 5 Paddocks, Hengsthaltung
Reithalle 20 x 40, Sandplatz 25 x 55, Rasenplatz nach Bedarf, Stüberl

Preise: ab 165.-- €

Extras: Freies Reiten möglich über die landschaftlich reizvolle Hochfläche der Schwäbischen Alb, die Weilerhöhe bietet regelmäßig zur Ferienzeit Reiterferien an.

Lage: Nähe A 8 Ausfahrt Hohenstadt, rechts Richtung Laichingen-Westerheim

DRESSUR / WESTERN / FREIZEIT / SCHULBETRIEB / PLANWAGENFAHRTEN

Erfolgreich mit Pferden vom Birkhof

Wir freuen uns auf das Jahr 2006...

Nützen Sie unsere langjährige Erfahrung in Zucht und Sport – wir sichern Ihnen eine sehr persönliche und individuelle Beratung zu, ganz gleich, ob dies bei der Hengstauswahl, beim Kauf von Fohlen, Stuten, Reitpferden oder bei sonstigen Fragen rund ums Pferd ist. Dieser Beratungs-Service wird durch eine Vielzahl an Veranstaltungen und Aktivitäten ergänzt:

- Hengstvorstellungen
- Nachwuchsturniere
- Fohlenchampionat
- Verkauf und Vermittlung von Fohlen, Stuten und Nachwuchspferden
- Reitpferdeverkaufswochen
- Sichtungstage für Birkhof-Pferde (Beratung bei der Ausbildung und Vermarktung Ihres Pferdes)
- Lehrgänge
- Seminare

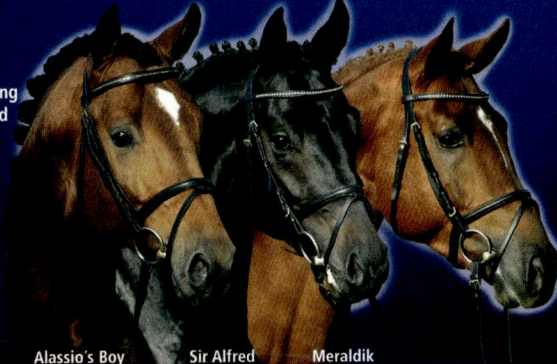

Alassio's Boy   Sir Alfred   Meraldik

... neue Hengste, neue Fohlen, neue Ideen und Impulse

Mit zufriedenen Kunden und "Erfolgreichen Pferden vom Birkhof" wollen wir ins neue Jahr gehen. Hierfür brauchen wir wieder Ihr Vertrauen und Ihre Unterstützung – Sie wissen ja, auf dem Birkhof sind Sie immer herzlich willkommen. Das Gestüt Birkhof und sein Team freut sich auf eine gute Zusammenarbeit mit Ihnen

Familie Casper
Gestüt Birkhof
73072 Donzdorf
EU-Besamungsstation

GESTÜT BIRKHOF

Tel.: 0 71 62 / 2 98 86
Fax: 0 71 62 / 2 52 76
e-mail: info@gestuet-birkhof.de

www.gestuet-birkhof.com

– 6 – STUTTGART – HEILBRONN

AßMUS RANCH

AßMUS RANCH

Besitzer: Bianca & Martin Aßmus
Reitanlage Weißenhof · 74189 Weinsberg
Tel.: 0 71 34 / 90 16 59 · Fax: 0 71 34 / 91 78 00 · Mobil 0173 - 6537128
Internet: www.assmus-ranch.com · assmus-ranch@aol.com

Ausbildung/Termine/Lehrgänge: Western Allround
Schulbetrieb auf 8 Schulpferden

Pferdehaltung: 15 Innenboxen mit Fenster, 30 Plätze in Offenstallhaltung
Koppeln 15 ha, Hengsthaltung, Reithalle 20 x 40, Sandplatz 30 x 40
Waschplatz, Stüberl, Solarium, Duschmöglichkeit

Preise: auf Anfrage

Extras: Übernachtungsmöglichkeit für 10 Pferde/Reiter
Alle Schulpferde in Offenstallhaltung
Quarter + Paintzucht, Computerfütterung, Therapeutisches Reiten
Behindertenreiten, Hippotherapie, familiäre Atmosphäre, Kinderferienprogramm

Lage: A 81 Ausfahrt Weinsberg 5 Min. nördl. Weinsberg, Busverbindung

PFERDEPARADIES KRAINBACHHOF

PFERDEPARADIES KRAINBACHHOF

Besitzer: Fam. Boger
Krainbachhöfe 3 · 74193 Schwaigern-Massenbach
Tel.: 0 71 38 / 73 57 · Fax: 0 71 38 / 17 32
Internet: www.krainbachhof.de

Ausbildung/Termine/Lehrgänge: auf Anfrage
Schulbetrieb auf 8 Schulpferden und Ponys

Pferdehaltung: 30 Plätze in Laufstallhaltung in 2500m^2 großem Bewegungsstall und 6 Ponies in Laufstallhaltung auf 400m^2, Koppeln 6 ha
Reithalle 20 x 40, Sandplatz 20 x 40, Waschplatz, Stüberl

Preise: auf Anfrage

Extras: Übernachtungsmöglichkeiten für Pferde und Reiter
individuelle Fütterung, Futter aus eigener Erzeugung, Betreuung durch Fachpersonal
gelenkschonende Laufhofbefestigung,
direkter Anschluss an Reitgelände, auch für Barhufpferde geeignet

Lage: 15 km von Heilbronn, 10 km von BAB Abfahrt Bad Rappenau

DRESSUR / FREIZEIT / WESTERN / KINDERBETREUUNG

– 8 – STUTTGART – HEILBRONN

REITSTALL IM SÖHLBACHTAL

REITSTALL IM SÖHLBACHTAL

Besitzer: Alexandra Hopfauf
Helfenbergerstr. 26 · 71717 Beilstein-Söhlbach
Tel.: 0 70 62 / 2 35 64 · Fax: 0 70 62 / 2 35 65
Internet: www.reitsport-hopfauf.de

Ausbildung/Termine/Lehrgänge: auf Anfrage
Dressur, Einzel und Gruppe möglich bis Kl. A, Springen Gruppenstunden bis Kl. E
Schulbetrieb auf 9 Schulpferden/Ponys

Pferdehaltung: 1 Paddockboxe, 9 Innenboxen ohne Fenster, 20 Plätze in Laufstallhaltung, Koppeln 2 ha, Paddocks 0,5 ha
Allwetterplatz 20 x 40 mit Flutlicht, Waschplatz, Stübchen

Preise: 180.-- bis 220.-- €

Extras: Übernachtungsmöglichkeiten für 10 Pferde (auf Paddock)
schöne Ausreitmöglichkeiten, idyllische Lage, Waldwege
ganzjährige Paddockbenutzung, gemischte Herden, Partner FN-Betrieb
gute Atmosphäre, artgerechte Haltung, div. Veranstaltungen

Lage: A 81 Ausfahrt Ilsfeld 5 km, ruhige Umgebung

Kümmerle's Birkenhof

Kümmerle's Birkenhof

Besitzer: Lothar Kümmerle
Birkenhöfe 1 · 74193 Schwaigern
Tel.: 0 71 38 / 61 97 · Fax: 0 71 38 / 93 28 09

Ausbildung/Termine/Lehrgänge: je nach Bedarf und Anfrage der Einsteller

Pferdehaltung: 25 Paddockboxen, Koppeln 4 ha
Reithalle 21 x 42, Waschplatz, Solarium, Stüberl

Preise: 230.-- € zzgl. Koppel

Extras: größzügiges Ausreitgelände in Feld, Wald und Flur
gemütliche Reiterstube, Grillabende, Reitlehrgänge, gutes Stallklima
individuelle Betreuung von Mensch und Pferd
offene Reithalle, Therapeutisches Reiten am Hof

Lage: 18 km westlich von Heilbronn, Schwaigern-Stetten
Aussiedlerhof, mit S-Bahn erreichbar Linie S 4

– 10 – STUTTGART – HEILBRONN
REITANLAGE SCHLÜSSELBURG

REITANLAGE SCHLÜSSELBURG

Besitzer: Manfred + Veronika Schlüsselburg
Engelsberghöfe 5 · 74360 Ilsfeld
Tel.: 0 70 62 / 97 40 25 · Fax: 0 70 62 / 67 42 22 · Mobil 0170 / 69 81 836
www.sven-schluesselburg.com

Ausbildung/Termine/Lehrgänge: Dressur bis Kl. S, Springen bis Kl. S
Turniervorstellung und Betreuung
Lehrgänge und Intensivtraining, Termine siehe Internet

Pferdehaltung: 45 Einstellmöglichkeiten in Außenboxen, Innenboxen mit Fenstern
Koppeln 7,5 ha, Paddocks, Laufband, Reithalle 20 x 40, Sandplatz 20 x 60
Rasenplatz 50 x 90, Galoppbahn 1000 m, Waschplatz, Solarium, Stübchen

Preise: auf Anfrage

Extras: wunderschönes Ausreitegländе,
Verkauf und Vermittlung von qualitätsvollen Nachwuchssportpferden, auch aus
eigener Zucht, bis hin zum erfolgreichen Internationalen Sportpferd
sowie Pferde für den gehobenen Amateur-, und Freizeitsport

Lage: A 81 Heilbronn-Stuttgart, Ausfahrt Ilsfeld ca 4,5 km

WERBEPARTNER

Reitsport Hopfauf

Reitsportartikel aller Art

preiswert
&
mit Beratung

www.reitsport-hopfauf.de

Öffnungszeiten
Mo - Fr
9.00 - 12.30 Uhr
14.00 - 18.00 Uhr
Sa
9.00 - 13.00 Uhr

Eisenbahnstr. 39
74360 Ilsfeld - Auenstein

Fon 0 70 62 - 67 90 60
Fax 0 70 62 - 67 90 62
mobil 01 72 / 6 31 35 78

Ausstattung für Reiter & Pferd — Unser mobiler Verkaufsstand — Alles für die Pflege

Stuttgart

alles für Reiter & Pferd - auf 250 qm

Gewerbegebiet Auenstein West 500 Meter von der A 81 Ausfahrt Ilsfeld Richtung Beilstein

Pferdeklinik Häussermann

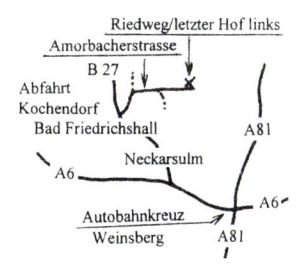

Riedweg/letzter Hof links
Amorbacherstrasse
B 27
Abfahrt Kochendorf
Bad Friedrichshall
A81
A6
Neckarsulm
A6
Autobahnkreuz
Weinsberg
A81

Ambulante Pferdepraxis
Klein- u. Nutztierpraxis
Notdienst: 0171 - 672 97 94

Dr. med. vet. K.M. Berg
Fachtierarzt für Pferde

Riedweg 15
74177 Bad Friedrichshall
Tel. 0 71 36 - 50 55
Fax 0 71 36 - 2 30 36

PFERDE-INFO　　89

11 – STUTTGART – LUDWIGSBURG

PFERDEHOF SCHÖNBLICK

PFERDEHOF SCHÖNBLICK

Besitzer: Rommel / Kühn GbR
Wannenweg 3 · 71254 Ditzingen - Hirschlanden
Tel.: 0 71 56 / 17 48 74 · Fax: 0 71 56 / 17 48 75

Ausbildung/Termine/Lehrgänge: nach Absprache
Spring- und Dressurlehrgänge

Pferdehaltung: Paddockboxen, Offenstallhaltung, 4,5 ha Koppeln
Reithalle 20 x 40, Allwetterreitplatz 20 x 60, Sandplatz 20 x 40
Führanlage, Waschplatz, Solarium, Duschmöglichkeit, Stüberl

Preise: 275.-- bis 375.-- €

Extras: Anlage bietet Hippotherapie (Therapeutisches Reiten),
Reitanlage behindertengerecht eingerichtet, FN geprüfter Pensionspferdebetrieb
Sieger der Aktion "Unser Stall soll besser werden"
von FN und Reiter Revue im Jahr 2002
grosses Ausreitgelände mit viel Wald und Wiesenwegen etc.

Lage: ca. 20 km nordwestlich von Stuttgart, Autobahnausfahrt Stgt. Feuerbach
Aussiedlerhof zwischen Schöckingen und Höfingen

LUDWIGSBURG – STUTTGART – 12 –

MARTINSHOF

MARTINSHOF

Besitzer: Michael Schmid
Waldstr. 11 · 71254 Schöckingen · Tel.: 0 71 56 / 95 91 85
Internet: www.martinshofschmid.de · koeder.schmid@t-online.de

Pferdehaltung: Außenboxen, Paddockboxen, Koppeln, Paddocks (14 m^2)
2 x Longierzirkel (überdacht)
Reithalle 20 x 40, Allwetterplatz 20 x 40, Rasenplatz 40 x 60
Waschplatz, Stüberl

Preise: 200.-- bis 270.-- €

Extras: direkt vom Hof gehen wunderschöne Reitwege durch Felder, Wald- und Wiesengebiete, herrliche Aussichtsplätze, tolle Freizeit-, Ausreitmöglichkeiten, die Pferde können täglich auf Koppel gebracht werden (Gras und Matschkoppeln) schöner Springplatz, neue Reithalle mit Ausblick auf die Natur

Lage: Ditzingen-Schöckingen, nördl. Rand von Stuttgart
10 Min. Autobahnkreuz Leonberg, Hof liegt am Ortsrand am Wald
kein Autoverkehr ab dem Hof

FREIZEIT

– 13 – STUTTGART – LUDWIGSBURG
INDIANISCHER REITSTALL KRETSCHMER

INDIANISCHER REITSTALL KRETSCHMER

Besitzer: Carmen Kretschmer
Kugelbergstr. 30 · 71691 Freiberg /a.N.
Tel.: 01 70 / 244 42 53 · Fax: 0 71 44 / 28 31 83

Ausbildung/Termine/Lehrgänge: indianisches, gewaltfreies Reiten
Schulbetrieb auf 10 Pferden

Pferdehaltung: Innenboxen mit Fenstern, Offenstallhaltung (in Planung)
Koppeln 1,5 ha, Hengsthaltung, Longierhalle Ø 20 m
Allwetterplatz 20 x 60, Waschplatz

Preise: VB 200.-- €

Extras: sehr schönes Ausreitgelände
kinderfreundlich, Therapeutisches Reiten
Kindergeburtstage, Preise auf Anfrage

Lage: Nähe Autobahnausfahrt Ludwigsburg-Nord, zum Bus 5 Min., Nähe S-Bahn

LUDWIGSBURG – STUTTGART – 14 –

ZUCHT + REITSTALL SCHNEIDER

Stuttgart

ZUCHT + REITSTALL SCHNEIDER

Besitzer: Rolf Schneider
Winzerhäuser Str. 33 · 74354 Ottmarsheim
Tel.: 01 75 / 20 24 669
www.stall-schneider.de

Ausbildung/Termine/Lehrgänge: Dressur bis Kl. S, Springen bis Kl. L
Beritt und Anreiten junger Pferde

Pferdehaltung: 37 Außenboxen, 13 Paddockboxen, 30 Koppeln à 80 qm
Führmaschine (in Planung), Reithalle 20 x 40, Sandplatz 20 x 60
Waschplatz, Solarium, Stüberl

Preise: auf Anfrage

Extras: Reitwege vom Stall nahezu unbegrenzt in Nähe der Weinberge
Fohlenaufzucht mit eigenen Zuchtstuten
anerkannter Ausbildungsbetrieb Schwerpunkt Reiten
Anlage wird von Pferdewirtschaftsmeister geführt, Verkaufspferde

Lage: 6 km zur Autobahnausfahrt Mundelsheim A 81

DRESSUR / FREIZEIT

– 15 – STUTTGART – LUDWIGSBURG

ISLANDPFERDEGESTÜT LICHTENBERG

ISLANDPFERDEGESTÜT LICHTENBERG

Besitzer: Heike Böhm · 71720 Oberstenfeld
Mobil: 0171/4480949 · Tel.: 07062/23246 · Fax: 07062/23226
Internet: www.islandpferdelichtenberg.de · info@islandpferdelichtenberg.de

Ausbildung/Lehrgänge: Reitunterricht in Kleingruppen bis max. 5 Reiter für Erwachsene und Kinder, Tageskurse für Kinder ab 6 J., Reiterferien für Kinder ab 8 J., Tölt- und Anfängerkurse, Reitabzeichenlehrgänge, Training für Turnierreiter geführte Ausritte, 22 Schulpferde

Pferdeausbildung: Einfühlsame, harmonische Ausbildung von Jungpferden Korrektur und Training von Gangpferden, Verkauf von gut gerittenen Islandpferden
Ausbildungsleitung: Mehrere IPZV-Trainer B und C, IPZV-Jungpferdebereiter staatl. anerk. Erzieherinnen

Pferdehaltung: Zuchtstuten, Jungpferde, 3 Elite-Zuchthengste, 60 Pensionspferde in Herden/Offenstallhaltung, Ganzjährig Koppelgang, Isolier- und Krankenboxen Waschplatz, Theorieraum, Schmiede, überdachte Anbindeplätze, 2 Ovalbahnen 180 m und 250 m, Dressurviereck 20 x 60 m, Halle 18 x 8 m, Geschicklichkeitsparcour alle Außenanlagen mit Flutlicht

Extras: Herrliches Ausreitgelände im Schwäbisch-Fränkischen Wald

Lage: Zwischen Stuttgart und Heilbronn, 10 Minuten von der A 81 entfernt Weitläufige Anlage, idyllisch gelegen neben der Burg Lichtenberg

WERBEPARTNER

ABELE
Reitsport
Röhlingen

- Reitstiefel
- Reitbedarf
- Reitbekleidung
- Turnierbedarf
- Stallartikel
- Futtermittel

Sechtaweg 17 · 73479 Ellwangen-Röhlingen
Telefon 0 79 65 - 3 21 · Fax 0 79 65 - 3 29
Reitstiefel-abele@t-online.de

Stuttgart

www.portrait-art-konle.de
Iris Konle
individuelle Tier- und Menschenportraits in Pastell u.a.
Rathausstr. 5, 73479 Ellwangen-Röhlingen, Tel. 07965 393

Graf
Futtermittel

Futtermittel Graf
Riedstr. 7 · 71691 Freiberg
Tel. + Fax 0 71 41 / 241968
Autotel. 0171 / 5180740

Futterkarotten
Rote Beete
Mühle Ebert-Produkte
St. Hippolyt
Späne u.v.m.

Lassen Sie sich von unserem
"gräflichem" Service überzeugen!

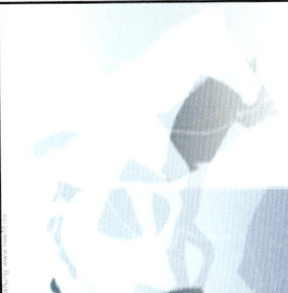

REITSPORT BLANK GmbH
SATTLEREI & REITSPORTFACHGESCHÄFT
www.reitsport-blank.de

Fayencestrasse 47
73479 Ellwangen - Schrezheim
Telefon: 07961 - 27 68
Telefax: 07961 - 55 34 0
email: info@reitsport-blank.de

PFERDE-INFO

– 16 – STUTTGART – OSTALBKREIS
REITERHOF UND HOTEL KONLE

REITERHOF + HOTEL KONLE

Besitzer: M. u. U. Konle
Hofackerstr. 20 · 73479 Ellwangen
Tel.: 0 79 65 / 900 30 · Fax: 900 331
www.reiterhof-konle.de · info@konle.com

Ausbildung/Termine/Lehrgänge: Dressur und Springen bis Kl. S
Ferienkurse, Sprachferien, Lehrgänge, RAZ-Kurse, Turnierförderkurse
Beritt und Ausbildung von Pferd und Reiter, Turniervorstellung, Verkauf
Schulbetrieb auf 15 Schulpferden

Pferdehaltung: 60 Einstellmöglichkeiten der Pferde in Außenboxen, Innenboxen
Führmaschine, Reithalle 20 x 40, Sand-Allwetterplatz 40 x 100
Waschplatz, Solarium, Stüberl,

Preise: 300.-- bis 400.-- €

Extras: Übernachtungsmöglichkeiten für Pferde und Reiter
30 Bettenhotel, Wellnessbereich, Massagen usw. Sauna/Dampfbad, Thermarium
Solarium, Kaminzimmer, Reiterstube, Terasse, NEU mit dazubuchbarem Sprachpaket
sowie Kids und Teens, Englisch und Reiten in Cooperation mit Berlitz

Lage: A 7 Ausfahrt Ellwangen-Röhlingen 3 km

WERBEPARTNER

Reiterhotel Konle
in Ellwangen

Unser Hotel liegt in der Urlaubsregion Schwäbische Alb / Ellwanger Seenland. Das Reithotel ist direkt verbunden mit dem Reiterhof und der Reitanlage Konle Ausbildungsstall FN.

Das Hotel umfasst 14 Doppelzimmer / 30 Betten, alle Zimmer sind mit Dusche, WC, Telefon, TV und Minibar ausgestattet.
Ein Wellnessbereich, der keine Wünsche offen lässt, mit Sauna, Dampfbad, Thermarium und Solarium, lädt zum Relaxen ein.
Es würde uns freuen Sie in unserem Haus begrüßen zu dürfen.

Konle OHG, Reiterhof und Hotel
Maria-Ursula Konle
Hofackerstr. 20 · 73479 Ellwangen-Röhlingen
Tel.: 0 79 65 / 900 30 · Fax: 0 79 65 / 90 03 31
E-Mail: info@reiterhotel-konle.de · www.reiterhotel-konle.de

– 17 – STUTTGART – OSTALBKREIS
ZUCHT- + AUSBILDUNGSSTALL RIEGGER WEISS

ZUCHT- + AUSBILDUNGSSTALL RIEGGER WEISS

Besitzer: Hartmut Weiss, Pferdewirtschaftsmeister Z + H
Anja Riegger, Pferdewirtin Reiten
Brandhof · 73453 Abtsgmünd
Tel.: 0171 / 480 96 89 · Fax: 0 79 75 / 91 07 41 · www.rieggerweiss.de

Ausbildung/Termine/Lehrgänge: Dressur bis Kl. M, Springen bis Kl. L
Heilpädagogisches Reiten, 7 Schulpferde

Pferdehaltung: 5 Paddockboxen, 14 Innenboxen mit Fenstern
6 Innenboxen ohne Fenster, Koppeln 5 ha, Reithalle 16 x 36
Sandplatz 20 x 60 (Natursand), Waschplatz, Aufenthaltsraum mit Küche

Preise: 250.-- €

Extras: Anreiten junger Pferde, Beritt aller Pferderassen, Korrekturberitt, Dressur und Springunterricht auf gut ausgebildeten Lehrpferden (zum Teil im Turniereinsatz) gerne auch Einzelunterricht für Jung und Alt, Anfänger und Fortgeschrittene Wiedereinsteiger, auf Ponys und Großpferden, Heilpädagogisches Reiten
Fütterung: Heu, Silage, Stroh, Pellets, Hafer

Lage: idyllische Alleinlage fernab vom Alltagsstress und trotzdem nur 1 km bis zur B 19

DRESSUR / SPRINGEN / SCHULBETRIEB / ZUCHT

KOCHERHOF

KOCHERHOF
Fohlenweide – Urlaub fürs Pferd
Altersruhesitz für Ihr Pferd

Iris Faller und Peter Knoch
Kocherhof 1, 73453 Abtsgmünd
Tel.: 07366 / 7400 oder 0160 / 92968254 oder 0151 / 11911192
www.kocherhof.de · kocherhof@web.de

Suchen Sie einen Aufzuchtsplatz für Ihr Fohlen, einen Pensionsplatz für Ihren langjährigen Kameraden oder einen Urlaubsplatz für Ihr Pferd?

Der Kocherhof, begünstigt durch seine ideale Lage, bietet Ihrem Pferd jeden Tag genügend Bewegung und Sozialkontakt zu Artgenossen auf den 20 ha Weideflächen und nachts eine saubere Box oder einen Platz im Laufstall

Oder möchten Sie sich einen Urlaub gönnen und Ihr Sportpferd gut versorgt wissen? Kein Problem wir kümmern uns gewissenhaft um Ihr Pferd

Wie Sie uns finden!

Der Kocherhof liegt auf einer Anhöhe am Rande des Kochertals nahe des Städtchens Abtsgmünd grob zwischen Schwäbisch Gmünd und Ellwangen.

Mehr Info im Internet unter www.kocherhof.de oder besuchen Sie uns einfach!

FREIZEIT / WESTERN / AUFZUCHT / RENTNERPFERDE

19 – STUTTGART – OSTALBKREIS
PFERDEZUCHT PFITZER

PFERDEZUCHT PFITZER

Besitzer: Beate Pfitzer
Rattstadter Str. 18 · 73479 Ellwangen-Neunheim
Tel.: 0 79 61 / 75 74 · Fax: 0 79 61 / 75 74 · Mobil: 0175 / 665 74 21
beate-pfitzer@web.de

Ausbildung/Termine/Lehrgänge: Anreiten auf Anfrage

Pferdehaltung: 11 Außenboxen, 13 Innenboxen mit Fenstern
Koppeln 5 ha, Paddocks 25 x 30, 3 Laufboxen (5x5)
Reithalle 20 x 40, Waschplatz, Stüberl

Preise: auf Anfrage

Extras: 3 x tägl. individuelle Fütterung, Futter großteils selbst erzeugt, Verkauf von Fohlen und Reitpferden (teilweise mit Turniererfolgen) aus erfolgreichen Stutenstämmen, Erfolgspferde z.B. Gestion Champion (Ellen Bontje) Birkhofs Alassio FBW, Giorgio (Inter I), Dinas (Eva Senn, Schweiz) Cyrano FBW etc.

Lage: 2 km von Autobahnausfahrt A 7 Ellwangen

PFERDE-INFO

www.fotoagentur-dill.de

Stuttgart

– 20 – STUTTGART – REMS-MURR-KREIS

LEINTALHOF

LEINTALHOF

Besitzer: Rolf und Ella Müller
Aichstruter Sägmühle · 73642 Welzheim-Aichstrut
Tel.: 0 71 82 / 22 72
www.leintalhof.de · leintalhof@web.de

Ausbildung/Termine/Lehrgänge: freie Reitlehrerwahl
Dressur und Springen bis Klasse S

Pferdehaltung: 27 Paddockboxen, 6 Innenboxen mit Fenstern
10 Plätze in Offenstallhaltung, Koppeln 10 ha
Reithalle 20 x 40, Sandplatz 20 x 70
Waschplatz, Solarium, Stüberl

Preise: 180.-- bis 320.-- €

Extras: Übernachtungsmöglichkeiten für Pferde und Reiter auf Anfrage
Winterauslauf, ganzjährig Weidegang, Offenstallhaltung, Gnadenbrot
Futter aus eigener Herstellung, 3 x tägl. Füttern

Lage: 2 km von Welzheim Richtung Schwabenpark, 500 Meter von Schwabenpark

PFERDEPENSION WEIGLESHOF

PFERDEPENSION WEIGLESHOF

Besitzer: Hilde Kress
Oltenerstr. 44 · 71522 Backnang
Tel./Fax: 0 71 91 / 6 46 28
Internet: www.pferdepension-weigleshof.de

Ausbildung/Termine/Lehrgänge: auf Anfrage
Schulbetrieb auf 7 Schulpferden

Pferdehaltung: 40 Einstellmöglichkeiten für Pferde in Paddockboxen, Innenboxen mit Fenstern und Offenstallhaltung, Koppeln 7 ha, Paddocks, Freilaufführanlage Reithalle 20 x 40, Allwetterplatz 20 x 60, Rasenplatz 5000 qm, Waschplatz, Stüberl

Preise: auf Anfrage

Extras: Geländestrecke mit Hindernissen, Futter aus eigener Erzeugung
Einzel- oder Herdenhaltung auf der Koppel möglich
artgerechte und soziale Haltung, Laufstall

Lage: 30 km nord-östl. von Stuttgart an der B 14, A 81
ca. 20 km Ausfahrt Mundelsheim, Backnang Außenbereich

DRESSUR / SPRINGEN / SCHULBETRIEB

EQUIRENA

EQUIRENA

Besitzer: Marc Jäger
Kappelbergstr. 31/2 · 70734 Fellbach
Tel.: 07 11 / 57 89 240 · Fax: 07 11 / 57 89 240
Jaeger.Marc@gmx.de

Ausbildung/Termine/Lehrgänge: auf Anfrage

Pferdehaltung: 18 Einstellmöglichkeiten der Pferde in Paddockboxen und Offenstall, Koppeln 1,5 ha, Longierzirkel Reithalle 20 x 40, Waschplatz, Solarium

Preise: Boxen 350.-- €

Extras: Im Offenstall werde die Pferde artgerecht ganztägig über eine computergesteuerte Futteranlage mit Heu und Kraftfutter versorgt. Die Reithalle verfügt über ein Ebbe-/Flutsystem Übernachtungsmöglichkeit für 1 Pferd, Alternativbeschläge im Offenstall

Lage: Die Anlage befindet sich im Außenbereich, zwischen Wiesen und Feldern und ist über die B14 + B29 rund um Stuttgart gut zu erreichen.

Gestüt Hahnenhof

Besitzer: Markus Konrad
Hahnenhof 4 · 71566 Althütte
Tel.: 0 71 83 / 42 84 38 · Fax: 0 71 83 / 42 84 39
www.bunte-pferde.de

Ausbildung/Termine/Lehrgänge: Markus Konrad, Pferdewirt, Dressur bis Kl. L Springen bis Kl. S, Lehrgänge auf Anfrage, 12 Schulpferde

Pferdehaltung: 3 Außenboxen, 12 Innenboxen mit Fenstern, 4 ohne Fenster Offenstallhaltung, Koppeln 10 ha, Hengsthaltung
Reithalle 20 x 50 (in Planung), Allwetterplatz 20 x 40, Rasenplatz 30 x 50

Preise: 180.-- bis 220.-- €

Extras: Übernachtungsmöglichkeiten für 10 Reiter, für Pferde auf Anfrage Reiterferien für Kinder von 7 - 17 Jahren in allen Ferien (Ba-Wü) für 240.-- € die Woche, abwechslungsreiches Ausreitgelände mit gutem Wegenetz im Naturpark Schwäbisch-Fränkischer Wald

Lage: halbe Std. von Stuttgart, gut erreichbar,
über B 14 Winnenden-Hertmannsweiler Richtung Welzheim bis Kallenberg

AUSBILDUNGSSTALL ELLINGER

Besitzer:
Erich und Sabine Ellinger
Käsbach 35 · 71540 Murrhardt · Tel.: 07192 / 20830
www.dressur-design.de · Mail: webmaster@dressur-design.de

Ausbildung/Termine/Lehrgänge:
Ausbildung von Pferden und Ponys aller Rassen, Beritt, Einzelunterricht, Lehrpferde auf M/S-Niveau, Barockpferde, Arbeit an der Hand, Doppellonge, Langer Zügel, Lehrgänge und Spezialkurse, Schauauftritte, Termine nach Absprache

Pferdehaltung: 3 Paddockboxen, 2 Außenboxen, 3 Laufställe, 5 Innenboxen, ca. 1 ha. Koppeln, 1 Allwetterauslauf 800 m², Allwetterreitplatz 20 x 40 m, Waschplatz, Trockenmax, Komplettversorgung, Hengsthaltung, individuelle Fütterung und Betreuung

Preise: ab 220.- Euro

Lage: zwischen Stuttgart und Schwäbisch Hall, auf einem Hochplateau umgeben von Wald, idyllische Lage mit unbeschränktem herrlichem Ausreitgelände

WERBEPARTNER

Crailsheim & Ansbach

THOMAS RÖHM
Reit und Fahrsportartikel

Öffnungszeiten
Mo - Fr. 8.00 - 18.30 Uhr
Do. 8.00 - 20.00 Uhr
Sa. 9.00 - 13.00 Uhr

Unser TOP Service vom Sattlermeister:
- Probereittermine vor Ort
- anatomisch korrekte Neuanpassung und Umarbeitung von Neu- und Gebrauchtsätteln
- Problemberatung, gerne auch in Zusammenarbeit mit Ihrem Tierarzt oder Physiotherapeuten
- Sattelreparaturen

RÖHM - Ihre erste Adresse für den
Reit und Fahrsport
denn
RÖHM - bietet Ihnen Kompetenz
Innovation und Perfektion

Pferdeausrüstung aus eigener Herstellung
Sonder-, Maß- Spezialanfertigungen
Reparaturen
Trekking- und Westernartikel
Moderne Reit-,
Freizeit- & Fahrsportbekleidung

Werner-von-Siemens-Str. 15
74564 Crailsheim
Tel. 0 79 51 - 63 66

Filiale "Hufeisen"
Würzburger Str. 44
91522 Ansbach
Te. 0 9 81 - 13 5 70

Reit und Fahrsportartikel e.K. Thoms Röhm
Werner v. Siemens-Str. 15 , 74564 Crailsheim
Tel. 0 79 51 - 63 66   Fax 0 79 51 - 42 08 5
info@reitsport-roehm. de

Stuttgart

PFERDE-INFO

— 25 — STUTTGART — SCHWÄBISCH HALL

SAGA Reitschule - Hohenlohe

SAGA Reitschule Hohenlohe

Besitzer: Claudia Gerster
Talstraße 8 · 74549 Wolpertshausen-Hopfach
Tel.: 0 79 07 / 94 33 19 · Fax. 0 69 / 791 24 85 18
Mobil: 0160 / 96 08 75 20
Internet: www.saga-reitschulen.de · hohenlohe@saga-reitschulen.de

Ausbildung/Termine/Lehrgänge: Reitunterricht und Lehrgänge auf Islandpferden
Gangreiten auf Islandpferden, Gelände, Signalreiten, Trail, Geschicklichkeit
Wanderreiten, Dressur, Gehorsam
Schulbetrieb auf 15 Schulpferden

Besonderheiten: Übernachtungsmöglichkeiten für 8 -12 Pferde, 8 Reiter
Urlaub für die ganze Familie, Wanderreitstation
Ferienwohnung für bis 4 Erw. und 8 Kinder
Aus- und Wanderritte
Reiterferien für Kinder und Jugendliche zwischen 8 und 15 Jahren

... mehr Spaß mit Islandpferden.

GANGPFERDE / SCHULBETRIEB / FERIENHOF / VERKAUFSPFERDE

SCHWÄBISCH HALL – STUTTGART – 25 –

SAGA Reitschule - Hohenlohe

SAGA Reitschule Hohenlohe

Ausbildung: Beritt, Korrektur, Turniervorbereitung

Pferdehaltung: Paddockboxen, Außenboxen, Innenboxen mit Fenstern
Offenstallhaltung, Laufstallhaltung (Stuten und Wallache getrennt)
Koppeln 7 ha, Paddocks 1 ha, ganzjähriger Weidegang
Reithalle 20 x 40, Allwetterplatz 25 x 60, Sandplatz 20 x 40
Waschplatz, Stüberl, Solarium, Duschmöglichkeit

Preise: Laufstallhaltung 190.-- €
Boxen mit Paddock oder Fenster 240.-- €
Gnadenbrotpferde, Jungpferdeaufzucht

Besonderheiten: SAGA-Shop mit Zubehör für Reiter und Pferd
Verkaufspferde

Lage: 5 km von der A 6 Heilbronn-Nürnberg, 8 km von Schwäbisch Hall

....wohnt ihr Pferd noch oder lebt es schon?

GANGPFERDE / SCHULBETRIEB / FERIENHOF / VERKAUFSPFERDE

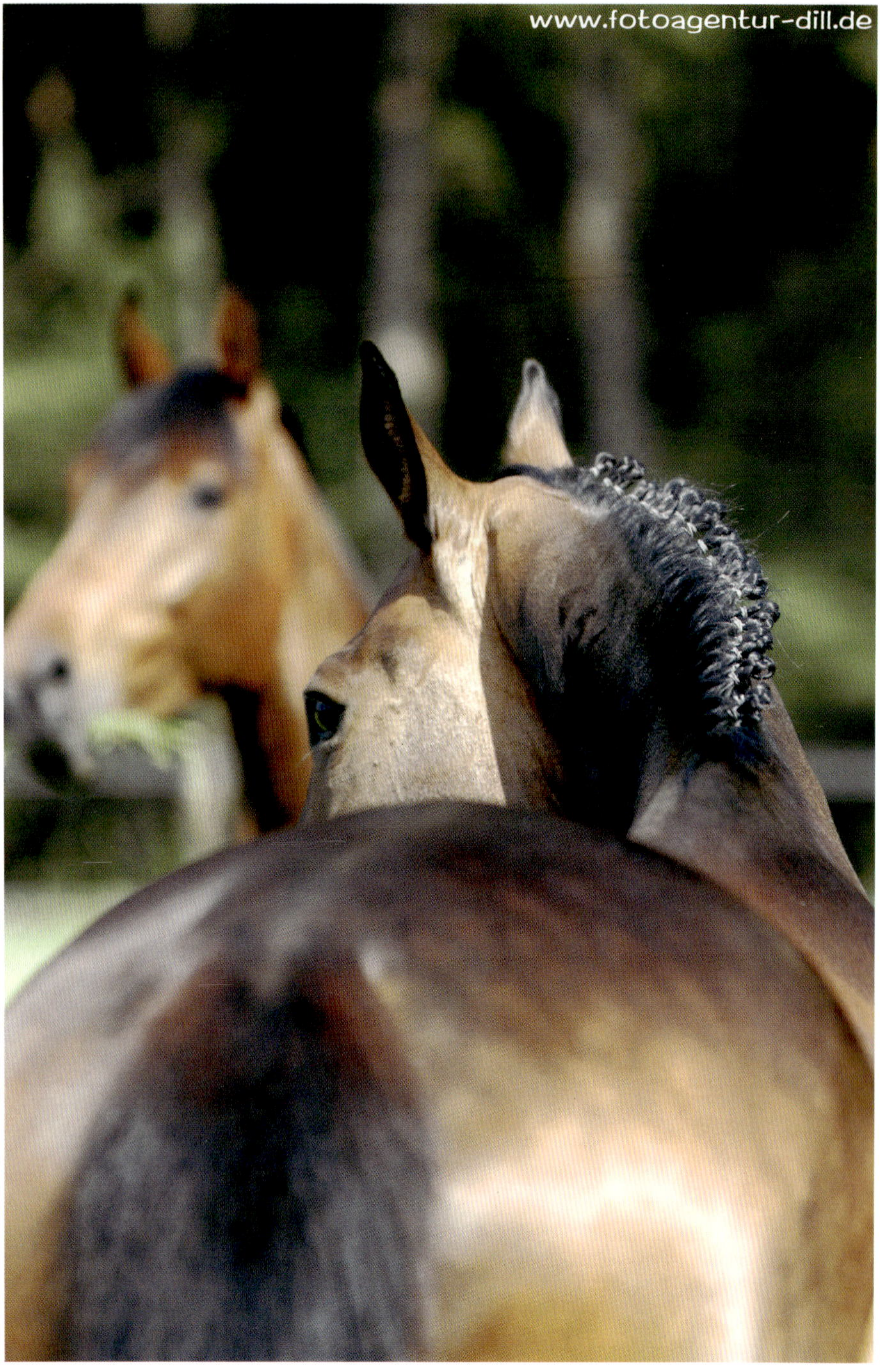
www.fotoagentur-dill.de

Regierungsbezirk Karlsruhe

Mit den Landkreisen:
Baden-Baden · Calw · Enzkreis · Freudenstadt · Heidelberg
Karlsruhe · Neckar-Odenwald-Kreis · Mannheim · Rastatt
Rhein-Neckar-Kreis

Übersicht der Reitställe

1. Steinmann's Hof
2. Reitstall Hegenichhof
3. Reitanlage Hubertushof
4. Stall - Fuchs
5. Reiterhof Kühner
6. Reitinstitut Zimmermann
7. Mampelhof
8. Pferdehof Neuwiesen
9. Reitstall Abel
10. Stall Dehoust / Lakö
11. Hubertushof
12. Wersauer Hof
13. Villa Kunterbunt
14. Stall Erny
15. Pferdeland Kollerinsel
16. Astoria-Ranch
17. Reitstall Neutard

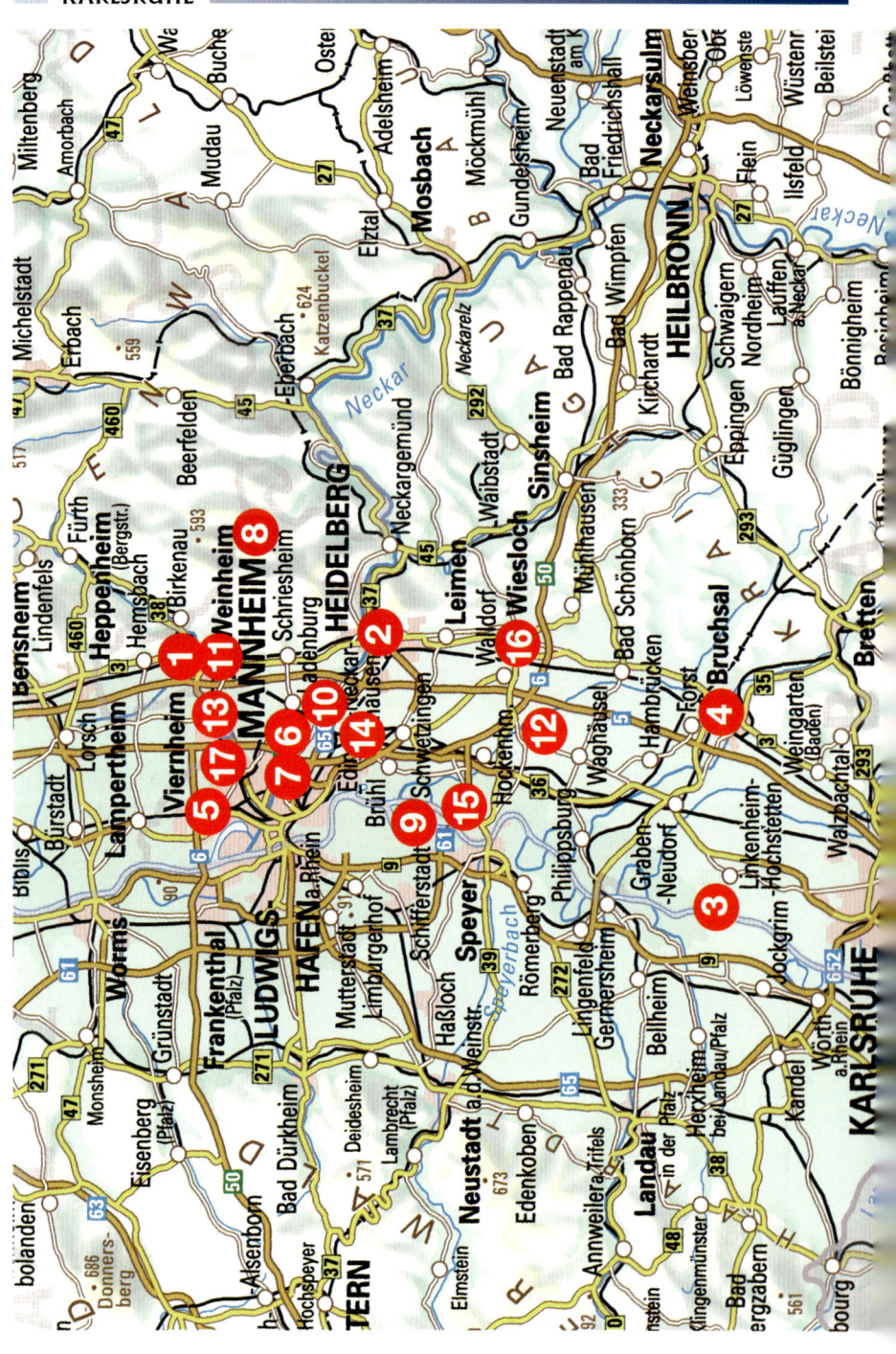

KARLSRUHE

112 PFERDE-INFO

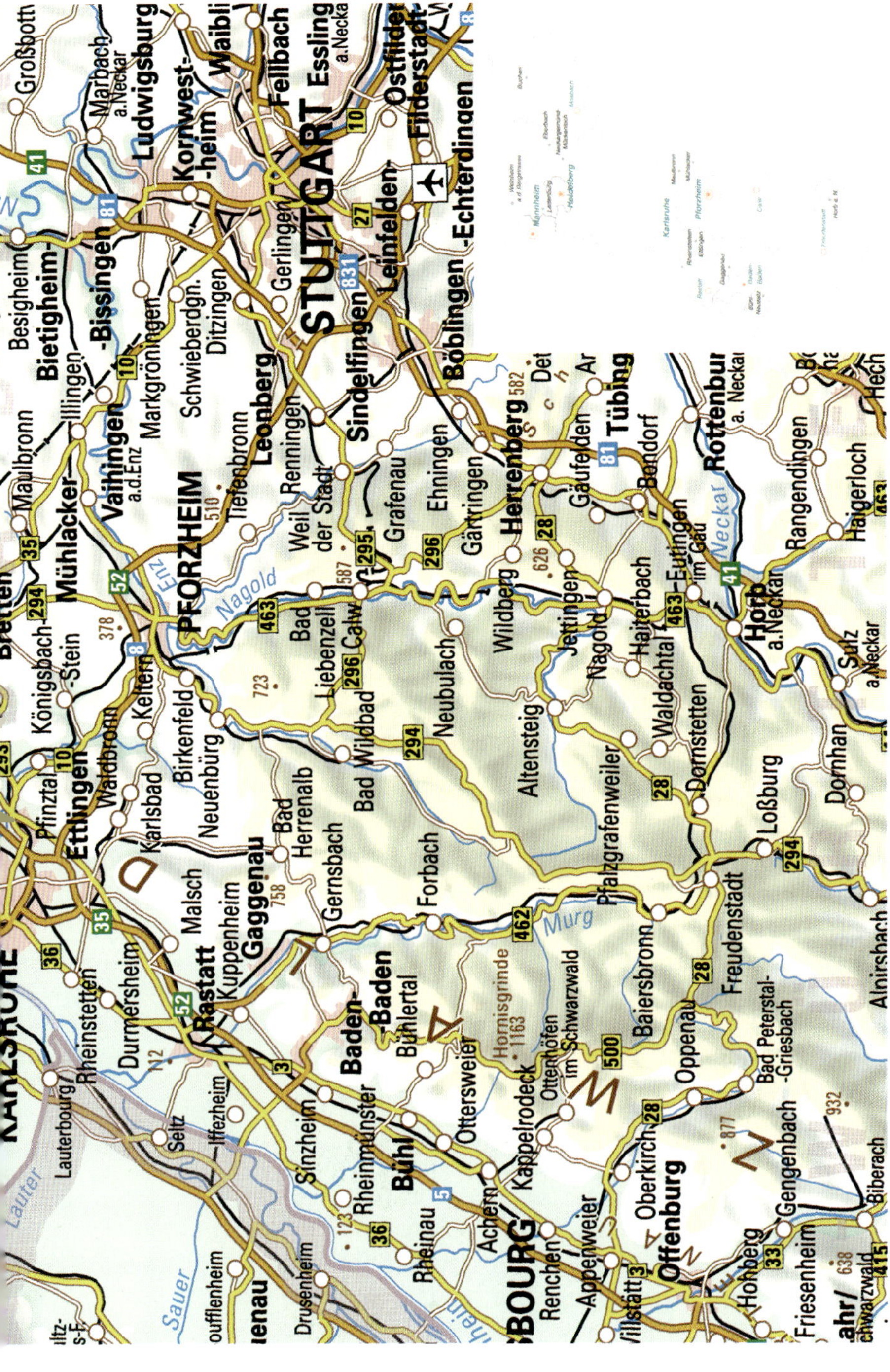

— 1 — KARLSRUHE — HEIDELBERG

STEINMANN`S HOF

STEINMANN`S HOF

Besitzer: Horst Steinmann
Liebersbacher Str. 146 · 69488 Birkenau
Tel.: 0 62 01 / 3 26 86 · Mobil: 0171 / 521 84 81
Steinmannshof@aol.com

Ausbildung/Termine/Lehrgänge: kein Schulbetrieb

Pferdehaltung: 30 Außenboxen, 10 Innenboxen mit Fenstern, Koppeln 50 ha Winterauslauf 2 ha, Hengsthaltung, Bewegungshalle 12 x 20 Sandplatz 20 x 40 mit Flutlicht, Waschplatz, Stüberl

Preise: auf Anfrage 200.-- bis 230.-- €

Extras: Übernachtungsmöglichkeiten für Pferde und Reiter auf Anfrage Pferdepension für Freizeitreiter, weitläufiges Ausreitgelände ab Hof hügelige Landschaft mit viel Wald, Hengsthaltung und Gnadenbrotpferde ganzjähriger Koppelgang und Winterauslauf in Herdenhaltung Heu und Stroh aus eigener Landwirtschaft

Lage: 10 Min von Autobahn A 5 Ausfahrt Weinheim, 20 km bis Mannheim

HEIDELBERG – KARLSRUHE – 2 –

REITSTALL HEGENICHHOF

REITSTALL HEGENICHHOF

Besitzer: Brigitte und Günter Treiber (beide Pferdewirtschaftsmeister)
Hegenichhof 1 · 69124 Heidelberg
Tel.: 0 62 21 / 76 50 78 · Fax: 0 62 21 / 79 37 53 · Mobil: 0171 / 69 27 173
www.hegenichhof.de

Ausbildung/Termine/Lehrgänge:
Anerkannter Ausbildungsbetrieb FN für Reiten, Zucht und Haltung
kein Schulbetrieb

Pferdehaltung: 60 Einstellmöglichkeiten für Pferde in Außenboxen und Innenboxen mit Fenstern, 1 Freistall, 24 Privatkoppeln, 2 große Gemeinschaftskoppeln sowie 2 Std.-Koppeln, Longierhalle und große Pultdach-Führanlage Ø 22 m Reithalle 20 x 50, Dressurplatz 20 x 40, Springplatz, Galoppbahn direkt ab Hof Waschplatz, Solarium, Stüberl

Preise: 300.-- bis 385.-- €

Extras: Koppelgang auch in der Gruppe vom 1.5. bis 15.10. möglich
Fütterung 3 x täglich

Lage: Zwischen Heidelberg Eppelheim und Schwetzingen gelegen
leicht erreichbar auch über die A 5

DRESSUR / SPRINGEN / FREIZEIT

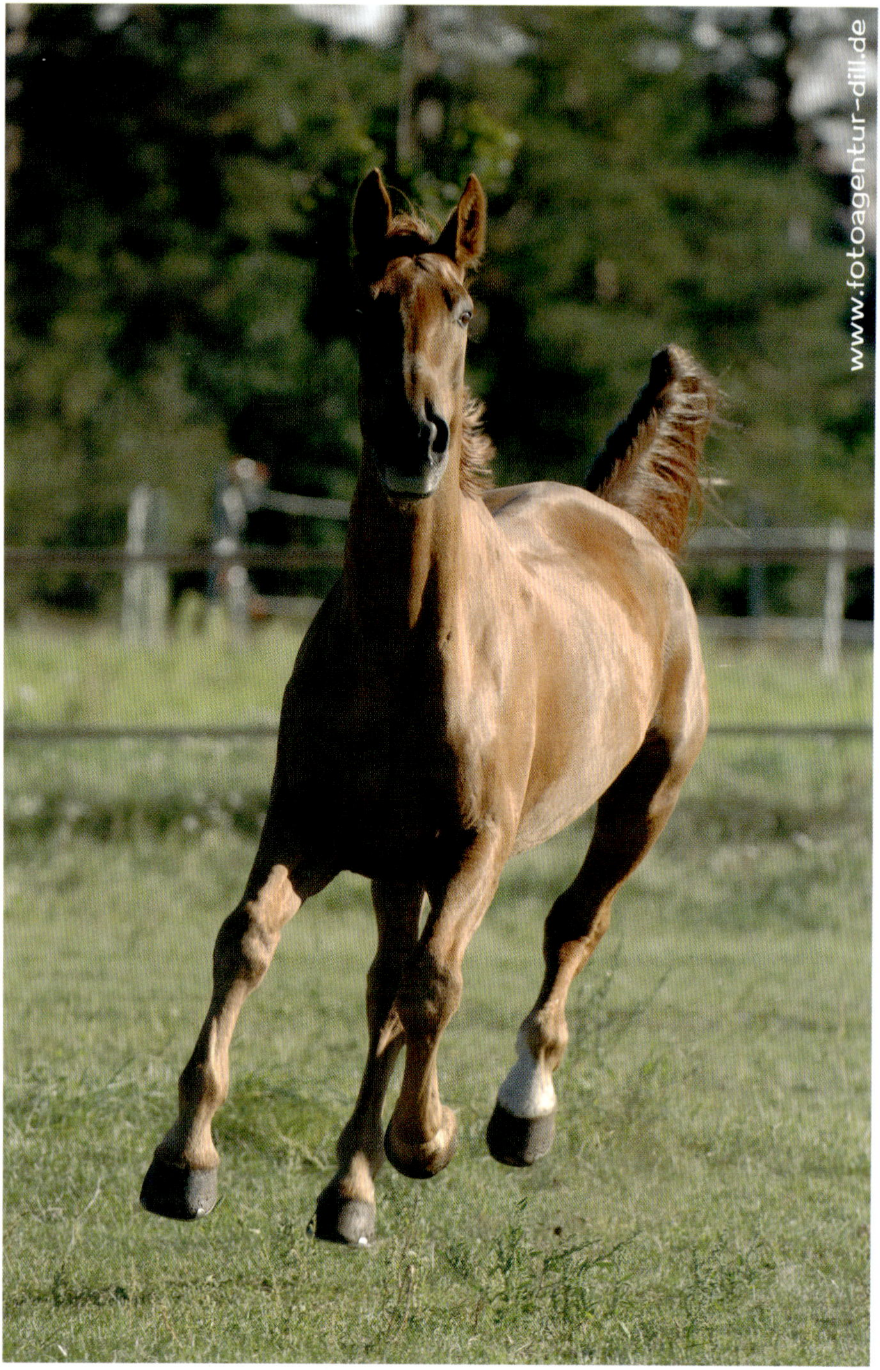
www.fotoagentur-dill.de

KARLSRUHE – 3 –

REITANLAGE HUBERTUSHOF

REITANLAGE HUBERTUSHOF

Besitzer: Petra Hammel
Friedrichstalerstr. 23 · 76351 Linkenheim
Tel.: 0 72 47 / 9 38 30 · Fax: 0 72 47 / 93 83 23
www.hubertushof-baden.de

Ausbildung/Termine/Lehrgänge: Dressur bis Kl. M, Springen bis Kl. M
Lehrgänge auf Anfrage, Schulbetrieb auf 10 Pferden

Pferdehaltung: 50 Einstellmöglichkeiten in Außenboxen
Innenboxen mit Fenstern, Offenstallhaltung, Koppeln 25 ha, Paddocks 4 ha
Hengsthaltung, Longierzirkel/Halle, Führmaschine, Reithalle 20 x 60
Allwetterplatz 30 x 60, Sandplatz 20 x 30, Waschplatz, Solarium

Preise: 180.-- bis 380.-- €

Extras: Übernachtungsmöglichkeiten für 6 Pferde
schöne Lage, Sandwege im Hardtwald die nicht eingeschränkt sind
die Reitanlage bietet auch denen, die individuell gefördert werden möchten
ideale Möglichkeiten, sich auf eigenen oder auf fremden Pferden fortzubilden

Lage: Der Hubertushof liegt zwischen Linkenheim und Friedrichstal und ist gut zu
erreichen über die B 36 sowohl von Karlsruhe als auch von Mannheim von der
Ausfahrt Bruchsal über Stutensee

Karlsruhe

DRESSUR / SPRINGEN / FREIZEIT / WESTERN / SCHULBETRIEB

– 4 – KARLSRUHE

STALL - FUCHS

STALL - FUCHS

Besitzer: Andreas Fuchs
Langental 8 · 76646 Bruchsal
Tel.: 0 72 51 / 1 48 78 · Mobil: 0171 / 26 10 782 · Fax: 0 72 51 / 98 92 59
www.stall-fuchs.de · stall-fuchs@t-online.de

Ausbildung/Termine/Lehrgänge: freie Reitlehrerwahl

Pferdehaltung: 22 Paddockboxen, 23 Außenboxen
6 Plätze in Offenstall, Koppeln 4,5 ha, Paddocks
Longierzirkel überdacht Ø 15 m, Freilaufführanlage
Reithalle 20 x 40, Sandplatz 20 x 70
Waschplatz, Solarium, Stüberl

Preise: ab 215.-- € pro Box

Extras: Winterkoppeln vorhanden

Lage: 2 km von Bruchsal entfernt

WERBEPARTNER

Pferdetransporter Henning

Fa. Friedhelm Henning Nutzfahrzeuge

Industristr. 9
75053 Gondelsheim

Telefon 0 72 52 / 94 80 12
Auto: 0172 - 726 34 47

alles rund um den LKW
aus erfahrener Hand

www.henning-pferdetransporter.de

An- u. Verkauf / Reparaturen
Miet LKWs / Auf u. Umbauten
Lackier, u. Karosseriefachbetrieb

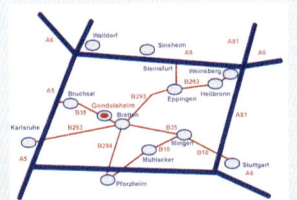

---

cobra®
www.cobrasaettel.de
Pferdegerechte Sättel
Die innovativen Sattelprogramme

cobra® *Amerigo* vega **für Sport und Freizeit!**

Einkreut 33, 84061 Ergoldsbach, Tel. 08773/708870, Fax: 08773/707870

Mrotzek-Fattermittel

Agrar- u. Reitsportbedarf

Inh. Christa Mrotzek
Biedensandstr. 24
68623 Lampertheim
Tel. 0 62 06 / 5 51 42 o. 49 11
Fax: 0 62 06 / 5 36 48

LAMPERTHEIM

- **Pferdefutter von:**
  St. Hippolyt, Mühle Ebert, Nösenberger, Deuka, Höveler, Cavalor, Frankmühle, Cremer, Futtermühlen, Ovator

- **Reitsport- und Pflegeartikel von:**
  Waldhausen, Pfiff, Kavalkade, kieffer, USG, Busse, HKM, Tuma, Mountain Horse, Eldorado, DMS, Cama, Sprenger, Ochsner, Döbert, RTS, Iris Bayer, Sommer, Mesch, Horse Center, Kentucky, Jumber King, Derby und Rexreitstiefel

- **Kleintierfutter:**
  Geflügel- und Kaninchenfutter, Katzen- und Hundetrockenfutter

- **Einstreu:**
  Hobelspäne und Leinstroh

- **Weidezaunbedarf**

– 5 – KARLSRUHE – MANNHEIM

REITERHOF KÜHNER

REITERHOF KÜHNER

Besitzer: Fam. Kühner
Am Alten Weinheimer Weg 17 · 68519 Viernheim
Tel./Fax: 0 62 04 / 80 06
Jutta.Kuehner@freenet.de

Ausbildung/Termine/Lehrgänge: Trainer A Reiten
Schulbetrieb auf 4 Schulpferden (an 2-3 Tagen 1 bis 2 Stunden)
Therapeutisches Reiten auf Anfrage

Pferdehaltung: Außenboxen, Paddockboxen, Innenboxen mit Fenstern
Offenstallhaltung, Koppeln 15 ha, Hengsthaltung, Freilaufführanlage
Longierhalle 36 x 18, Reithalle 20 x 60, 2 Sandplätze 40 x 60 und 20 x 60
Waschplatz, Stüberl

Preise: 250.-- bis 300.-- €

Extras: Familiärer Betrieb für anspruchsvolle Freizeitreiter, wie für jeden ambitionierten Turnierreiter, schönes Ausreitgelände in Waldnähe

Lage: in unmittelbarer Nähe des Reit- und Fahrvereins Viernheim

WERBEPARTNER

Ihr Betrieb ins rechte Licht gerückt

Wir gestalten und erstellen für Sie:

Flyer
Broschüren
Briefpapier
Visitenkarten
Internetauftritte
Programmhefte
Bestickungen
Schilder
etc.

Karlsruhe

**equi·design
MÜNCHEN**
AGENTUR FÜR WERBUNG
VERLAGSWESEN & DESIGN

82239 Alling
Am Marienberg 6
Tel.: 0 81 41 - 35 75 35
Fax: 0 81 41 - 35 75 37
e-mail: edverlag@aol.com

www.equi-design.de

– 6 – KARLSRUHE – MANNHEIM

REITINSTITUT ZIMMERMANN

Besitzer: Judith Zimmermann
Straßenheimer Weg 201 · 68259 Mannheim
Tel.: 0 62 03 / 93 00-0 · Fax: 0 70 72 - 91 25 08
Internet: www.reitinstitut-zimmermann.de

REIT
INSTITUT
ZIMMERMANN

Die Pferdesportanlage Straßenheimer Weg, eine neu entstandene Reitanlage, die keinen Pferdewunsch offen lässt, bietet seit August dem Heidelberger Reitinstitut Zimmermann einen neuen Wirkungskreis.

Das Ausbildungszentrum für klassisch barocke Reitweise veranstaltet nicht nur jedes Jahr in der Region den RIZ Barockpferde-Cup sondern bietet ein umfangreiches Lehrgangsprogramm.

➢ **Ausbildung und Beritt von Barock- und Warmblutpferden**
➢ **Individuelles Lehrgangsangebot**
➢ **Qualifizierter Reitunterricht für Kinder u. Erwachsene**
➢ **Ausbildung zum Reitbasispädagogen**
➢ **Turniervorbereitung und -begleitung**

!!! Boxen frei – auch für Berittpferde !!!
Info: www.reitinstitut-zimmermann.de oder 0170/3 25 55 33
Boxen: 0171-7711292, Klaus Künzler

WERBEPARTNER

Wir planen und bauen:

weiland Grünbau

Außenplätze in
- Rasen
- Sand

Allwetterbauweise oder naturnahe Bauweise

Hallenreitböden für
- Dressurreiten
- Springreiten

Weiland Lanschaftsgestaltung GmbH
Stabhalterstr. 27 · 68307 Mannheim
Tel.: 06 21 / 77 77 10 · Fax 06 21 / 77 77 177
www.weiland-mannheim.de

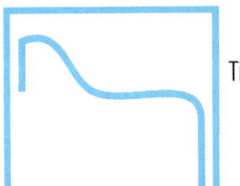

Karlsruhe

24 - Stunden - Notdienst
Chirurgie Orthopädie Lahmheiten Sportmedizin & Leistungsdiagnostik Gynäkologie
Zahnheilkunde Lungenerkrankungen Innere Erkrankungen Augenerkrankungen

Tierärztliche Klinik für Pferde

Dr. Marcus Bayer
Dr. Wigo Horstmann

Breite Straße 141 67067 Ludwigshafen Tel. 06 21 - 55 89 07

info@pferdeklinik-bayer-horstmann   www.pferdeklinik-bayer-horstmann.de

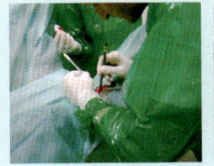

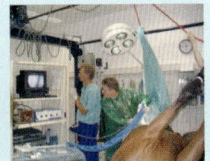

Tierärztliche Klinik Ludwigshafen

MAMPELHOF

MAMPELHOF

Besitzer: Udo und Wilken Mampel
Hofgewannstr. 8 · 68307 Mannheim
Tel.: 0 621 / 78 37 68 · Fax: 06 21 / 789 68 00
Internet: www.mampelhof.de

Ausbildung/Termine/Lehrgänge: kein Schulbetrieb

Pferdehaltung: Außenboxen, Innenboxen mit und ohne Fenster, Koppeln, 1 ha Paddocks je ca. 200 qm^2, Longierplatz 25 x 45, Sattelschränke an jeder Box Reithalle 24 x 44, Dressurplatz 20 x 60, Springplatz 40 x 80, Waschplatz, Stüberl

Preise: auf Anfrage 185.-- bis 270.-- €, incl 16% MwSt.

Extras: Mit Ausnahme der Pellets, die wir von der Firma Ovator beziehen, werden alle Futterkomponenten selbst erzeugt. Auch das Stroh wird von unseren eigenen Hafer- und Weizenfeldern gewonnen. Wir füttern Hafer, Mais, Pellets und Heu

Trotz der Lage nahe der Stadt ist Scharhof ein ländlicher Vorort von Mannheim mit mehr als 800 ha landwirtschaftlicher Nutzfläche.
So gibt es genügend schöne Ausreitmöglichkeiten

Lage: Der Stall befindet sich im Ortsteil Mannheim-Scharhof im Norden Mannheims direkt an der Autobahn A 6 Mannheim-Sandhofen. Sie erreichen von uns aus mindestens 20 Turnierplätze in weniger als einer halben Stunde

RHEIN-NECKAR-KREIS – KARLSRUHE – 8 –

PFERDEHOF NEUWIESEN

PFERDEHOF NEUWIESEN - LAUFSTALL -

Besitzer: Elvira Stähle
Weidsiedlung 6 · 69469 Weinheim
Tel.: 0 62 01 / 499 118
E-Mail: pferdehof.neuwiesen@web.de

Pferdehaltung: Offenstallhaltung, Koppeln 4 ha
Sandplatz, Waschplatz, Stüberl

Preise: auf Anfrage

Extras: Der Pferdehof liegt umgeben von Wiesen und Feldern in ebener Lage
3 x täglich Rauhfutter und Kraftfutter aus eigener Erzeugung, Mineralfutter
Strohraufe zur freien Aufnahme

Offenstall mit großem Laufhof, heller großzügiger Liegebereich mit Stroheinstreu
Futterstände für individuelle Fütterung und Weidegang je nach Witterung

Lage: 5 km westlich von Weinheim und
ca. 20 km von Mannheim und Heidelberg

FREIZEIT / LAUFSTALL

– 9 – KARLSRUHE – RHEIN-NECKAR-KREIS

REITSTALL ABEL

REITSTALL ABEL

Besitzer: Wolfgang Abel
Brühler Pfad 1 · 68775 Ketsch
Tel.: 0 62 02 / 6 15 32
Fax: 0 62 02 / 60 99 30

Ausbildung/Termine/Lehrgänge:
Reitlehrer für Dressur und Springen vorhanden
kein Schulbetrieb

Pferdehaltung: Außenboxen, Innenboxen mit und ohne Fenster
Koppeln, Freiaufführanlage
Reithalle 20 x 40, Dressurplatz 20 x 60, Springplatz 60 x 90
Fahrplatz 40 x 100, Waschplatz, Stüberl, Solarium

Preise: 270.-- €

Extras: Kinderspielplatz, Fahrhindernisse, Kegelparcour

Lage: Im Dreieck zwischen Ketsch - Brühl - Schwetzingen im Außenbereich

RHEIN-NECKAR-KREIS – KARLSRUHE – 10 –

Stall Dehoust + Reitschule Lakö

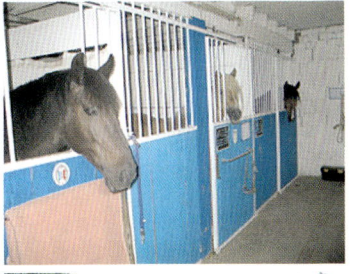

Stall Dehoust + Reitschule Lakö

Besitzer: Jürgen + Martina Dehoust
Marderweg 50 · 68229 Mannheim / Friedrichsfeld
Tel.:/Fax 06 21 / 47 28 65 · jdehoust@aol.com
Telefon Reitschule 06 21 / 47 31 62

Pferdehaltung: Außenboxen, Innenboxen mit Fenstern, Paddockboxen
Graskoppel 20.000 m², Sandkoppel 500 m², Paddocks á 12 qm, Reithalle 510 m²
Reithalle 800 m², Reitplatz 900 m², Waschplatz, Stüberl

Extras: Schönes Gelände (Wald) zum Ausreiten 15 - 20 km Reitgelände

Lage: schöne ruhige Lage, ländlich und trotzdem Stadtnähe

Reitschule: Inhaber: Frauke Laier, Trainer A, Zusatz Heilpädagog. Reiten
Leitung: Wolfgang Kögel, Bereiter FN, Fortbildung Behindertenreitsport
Pferdeausbildung: pferdegerechtes Anreiten/Korrektur nach
klass. Grundsätzen, Turniervorstellung
Ausbildung von Therapiepferden und Behindertensportpferden
Reitausbildung: Vom Anfänger bis zur Turnierreife, Turnierbegleitung
Behindertenreitsport, Therapeutisches Reiten
Ferienkurse für Kinder ab 8 Jahren, Erwachsenenlehrgänge auf Anfrage
Lehr- und Therapiepferde vorhanden

SCHULBETRIEB

HUBERTUSHOF

Weidsiedlung 7
69469 Weinheim

Horst u. Sabine Weygoldt
Mobil: 0 175/5 21 10 21
Mobil: 0 151/1 16 03 390

Pferdeerfahrung seit über 25 Jahren

- Individuelle Betreuung Ihres Pferdes
- Private Atmosphäre in angenehm freundlicher Umgebung
- Täglicher Weide-/Paddockgang
- Heu und Stroh aus eigener Herstellung
- FN-geprüfte Reitlehrerin, Ausbildung in Dressur und Springen

- Einzelunterricht für Anfänger, Fortgeschrittene und Wiedereinsteiger
- Beritt Ihres Pferdes möglich
- Ideales Ausreitgelände

- Große Reithalle
- Außenreitplatz
- Longierhalle
- Roundpen

- Gastboxen
- Großraumboxen (4 x 4,20 m)
- Waschbox
- Gemütliches Reiterstüberl

RHEIN-NECKAR-KREIS – KARLSRUHE – 12 –

WERSAUER HOF

WERSAUER HOF

Besitzer: Michael Hoffmann
Wersauer Hof 1 · 68799 Reilingen
Tel.: 0 62 05 / 14 357 · Fax: 0 62 05 / 92 27 83
h.hoffmann@t-online.de

Ausbildung/Termine/Lehrgänge: Dressur bis Kl. M, Springen bis Kl. M
Schulbetrieb auf 10 Schulpferden

Pferdehaltung: Paddockboxen, Außenboxen, Innenboxen mit/ohne Fenster
Offenstall, Koppeln 3 ha, Paddocks 1 ha, Longierzirkel, Führmaschine
Reithalle 25 x 65, Sandplatz 20 x 40, Allwetterplatz 40 x 50
Waschplatz, Stüberl, Duschmöglichkeit

Preise: 200.-- bis 260.-- €

Extras: 150 km ausgewiesene Reitwege, 10 Min. bis zum Wald

Lage: Sehr gut zu erreichen über A 6 und A 5, A 61, 2 km von Autobahnausfahrt
Ballungsgebiet HD - MA, Dreieck Hockenheim

SPRINGEN / FREIZEIT / SCHULBETRIEB / PENSIONSSTALL

– 13 – KARLSRUHE – RHEIN-NECKAR-KREIS

VILLA KUNTERBUNT

VILLA KUNTERBUNT

"Freizeit mit Pferden"

Besitzer: Anne-Elke Mlynek
Muckensturm 23
68542 Heddesheim
Tel.: 0170 / 24 22 466
anne-elke@gmx.de

Ausbildung/Termine/Lehrgänge: Ausbildung für Reitanfänger
Springgymnastik für Einsteiger, Voltigieren, Kurse für Vorschulkinder
Schnupper-Ferien-Reitkurse, Ausritte (mehrstündig, Wochenende)
Schulbetrieb auf 6 Schulpferden

Pferdehaltung: Paddockboxen, Offenstallhaltung
Koppeln 2 ha, Allwetterplatz
Waschplatz, Stüberl

Preise: 200.-- bis 220.-- €

Extras: besonders für Kinder ab Vorschulalter geeignet
geführte Ausritte für Kinder, Feiern von Kindergeburtstagen mit Pferden
Streichelzoo, Reiten auf Feldwegen möglich

Lage: Zwischen Heddesheim und Viernheim in ländlicher Umgebung

WERBEPARTNER

Reitböden
AS-Klebsand
Ökotrennschicht
Laserplanie

Info: Armin Schäfer Kieswerk Bürstadt
Tel. 0 62 06 / 87 53 Fax 0 62 06 / 7 12 04
www.schaefer-reitboden.de

Karlsruhe

Crailsheim
Werner-von-Siemens-Str. 15
Tel. 0 79 51 - 63 66

&

Ansbach
Filiale "Hufeisen"
Würzburger Str. 44
Tel. 09 81 - 13 5 70

Unser TOP Service vom Sattlermeister:
- Probereittermine vor Ort
- anatomisch korrekte Neuanpassung und Umarbeitung von Neu- und Gebrauchtsätteln
- Problemberatung, gerne auch in Zusammenarbeit mit Ihrem Tierarzt oder Physiotherapeuten
- Sattelreparaturen

THOMAS RÖHM
Reit und Fahrsportartikel

Und wer macht die schönen Fotos?

Fotoagentur Dill

Dr.-Wacker-Str. 37
90596 Schwanstetten
Tel.: (09170) 7460
Fax.: (09170) 7697
mobil: 0179 5961156
info@fotoagentur-dill.de

Ab sofort finden Sie alle unsere aktuellen Pferdefotos im Internet
www.fotoagentur-dill.de
(man sagt wir haben magische Bilder)

Wir sind nicht nur auf Turnieren unterwegs sondern kommen auf Wunsch gerne auch zu Ihrem Stall.

PFERDE-INFO

– 14 – KARLSRUHE – RHEIN-NECKAR-KREIS

STALL ERNY

STALL ERNY

Betriebsleiter: Fam. Hartmut Erny
Marderweg 49 · 68229 Mannheim
Tel.: 06 21 / 48 43 416 o. 47 46 19 · Fax: 06 21 / 48 43 417

Ausbildung/Termine/Lehrgänge: Dressur und Springen bis Kl. M
Reitunterricht jeglicher Art, Lehrgänge auf Anfrage

Pferdehaltung: 17 Paddockboxen, 35 Außenboxen
5 Plätze in Offenstallhaltung, Koppeln 5 ha
20 Ganzjahres-Allwetterkoppeln, Hengsthaltung
Longierhalle Ø 17 m, Freilaufführanlage
Reithalle 20 x 60, Allwetterplatz 25 x 42, Sandplatz 25 x 60
Waschplatz, Solarium, Stüberl

Preise: 220,--/235,-- € Grundpreis + Dienstleistungen + MwSt.

Extras: super ausgebautes Reitwegenetz, 15 km im Wald
3 Schleifen-Reitwege, alles im Wald und Feld, Geländestrecke

Lage: 8 Min. bis Mannheim Innenstadt, 3 Min. zur Autobahnauffahrt
8 Min. bis Heidelberg, 5 Min nach Schwetzingen

RHEIN-NECKAR-KREIS – KARLSRUHE – 15 –

PFERDELAND KOLLERINSEL

PFERDELAND KOLLERINSEL

Betriebsleiter: Fam. Hartmut Erny
Kollerhof · 67166 Otterstadt
Tel.: 0 62 32 / 687 00 · Fax: 0 62 32 / 68 70 199

Ausbildung/Termine/Lehrgänge: Dressur bis Grand Prix und Springen bis Kl. S
Western, Spanisch, Anfänger, Voltigieren, Schulbetrieb auf 10 Schulpferden

Pferdehaltung: 30 Paddockboxen, 30 Außenboxen
Koppeln 13 ha, 20 Paddocks, Longierzirkel Ø 17 m, Freiaufführanlage
Reithalle 20 x 60 und 18 x 25, Sandplatz 20 x 70
Waschplatz, Solarium, Stüberl

Preise: 240,--/255,-- € Grundpreis + Dienstleistungen + MwSt.

Extras: 7 km drainagiertes Reitwegenetz, Geländestrecke
Ebbe-/Flutböden in der Halle und auf dem Platz
Futter aus eigener Erzeugung, Ganzjahreskoppel, Schulungsraum
Übernachtungsmöglichkeit für 12 Reiter und Pferde auf Anfrage

Lage: Im Landschaftsschutzgebiet auf der Kollerinsel, 8 km nach Speyer

DRESSUR / SPRINGEN / FREIZEIT / WESTERN

– 16 – KARLSRUHE – RHEIN-NECKAR-KREIS

ASTORIA - RANCH

ASTORIA - RANCH

Besitzer: Fam. Schnabel
Rennbahnstr. 50 · 69190 Walldorf
Tel.: 0171 / 580 72 92
Internet: www.astoria-ranch.de · Ronald.Schnabel@t-online.de

Ausbildung/Termine/Lehrgänge: siehe Internet

Pferdehaltung: Außenboxen, Paddockboxen, Innenboxen mit Fenstern
Koppeln 5 ha, Longierzirkel Ø16 m, Führmaschine
Reithalle 20 x 40, Allwetterplatz 30 x 50
Waschplatz, Solarium, Stüberl

Preise: 270.-- bis 305.-- €

Extras: ausgeschildertes Reitwegenetz (60 km) direkt ab Stall
Verlängerung des Außenplatzes auf 100 m und
Überdachung von 60 m geplant

REITSTALL NEUTARD

RHEIN-NECKAR-KREIS – KARLSRUHE – 17 –

REITSTALL NEUTARD

Besitzer: Andreas und Martina Neutard
Brunnenweg 8 · 68542 Heddesheim
Tel.: 0712 / 745 71 29 · Fax: 0 62 01 / 87 16 63

Ausbildung/Termine/Lehrgänge: nach Bedarf
kein Schulbetrieb

Pferdehaltung: Paddockboxen, Außenboxen, Innenboxen mit/ohne Fenster
Koppeln 2 ha, Longierzirkel 16 x 32, Führanlage (in Planung)
Reithalle 20 x 60, Sandplatz 20 x 60, Allwetterplatz 30 x 60
Waschplatz, Solarium (in Planung)

Preise: 230.-- bis 330.-- €

Extras: Aussiedler-Hof

Lage: 2 km von Abfahrt A 5 Heddesheim-Hirschberg
Hof liegt im Dreieck Heidelberg - Weinheim - Mannheim

DRESSUR / FREIZEIT

Reitsportfachgeschäfte

Reitsportzubehör. Meistersattlerei. Futtermittel. Westernartikel. Fahrsport. Stall- und Weidebedarf. Reitkleidung. Stickerei. Liefer- und Bestellservice. Waschservice.

Unser Sattel-Mobil ist wöchentlich von der schweizer Grenze bis Heidelberg für Sie unterwegs.

**Reitsport Buderer...
...Fachkompetenz. Mode. Qualität.**

Platanenallee 11
77656 Offenburg-Uffhofen
Tel. 07 81 / 990 71 94
Öffnungszeiten:
Mo-Fr: 10 Uhr bis 18.30 Uhr
Sa: 10 Uhr bis 14 Uhr

Zeppelinstr. 21
79331 Teningen-Nimburg
Tel. 0 76 63 / 94 20 40
Öffnungszeiten:
Mo-Fr: 9.30 Uhr bis 18.30 Uhr · Sa: 9.30 Uhr bis 14 Uhr

www.reitsport-buderer.de

Regierungsbezirk Freiburg

Mit den Landkreisen:
Breisgau-Hochschwarzwald · Emmendingen · Freiburg
Konstanz · Lörrach · Ortenaukreis · Rottweil
Schwarzwald-Baar-Kreis · Tuttlingen · Waldshut

Übersicht der Reitställe

1. Happyhorses
2. Reitanlage Erlenhof
3. Reiterhof Königer
4. Pferdepension Dürrmeier
5. Pferdepension Gehring
6. Fohlenpension
7. Reitstall Engler
8. Samshof
9. Reitstall Lehmann
10. Pony + Pferdefreunde Karsau e.V.
11. Reiterhof Frech
12. Reiterverein Lörrach
13. Reitstall Kaufmann
14. Rudi's Ranch
15. Falkenhof Gamp

FREIBURG

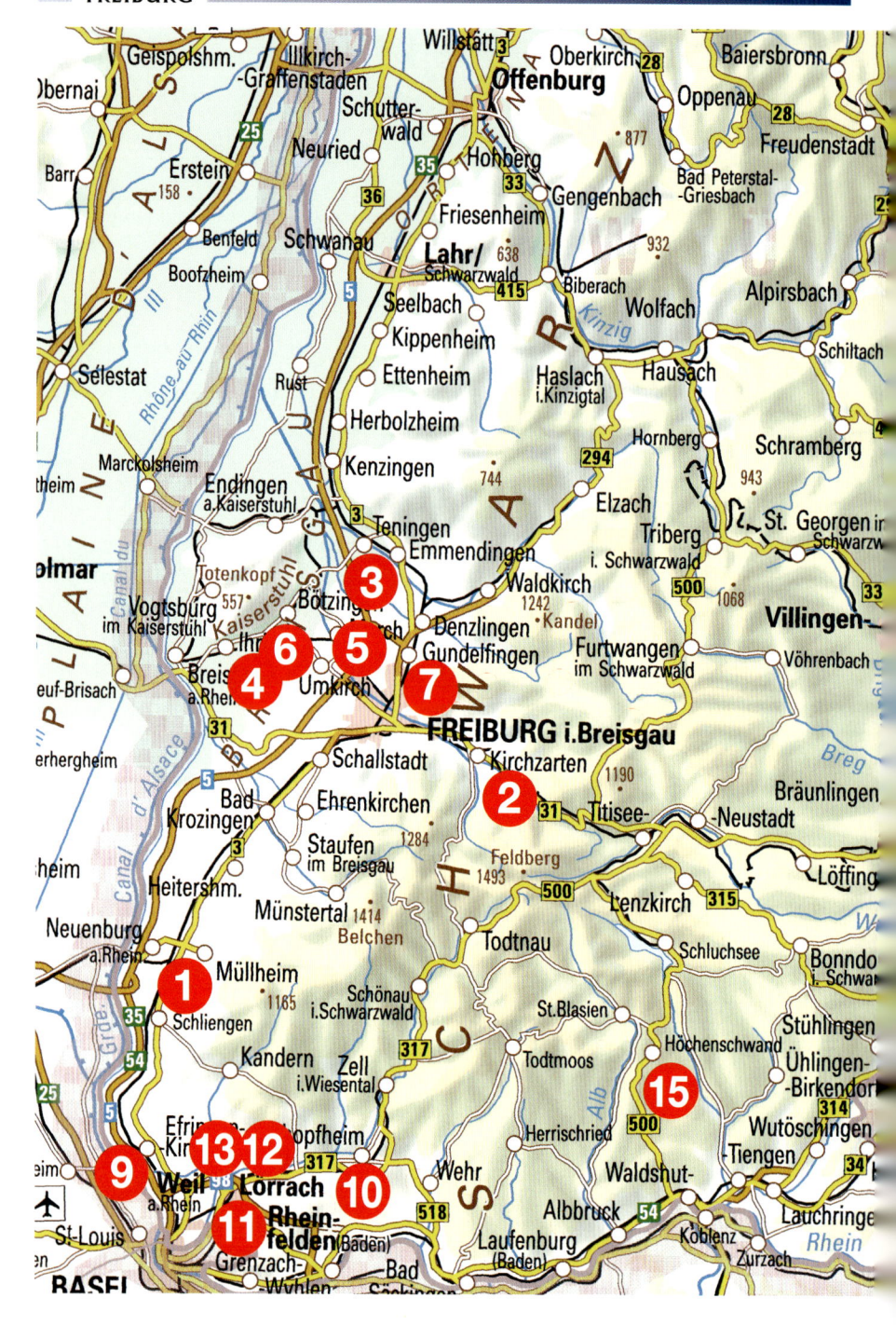

FREIBURG

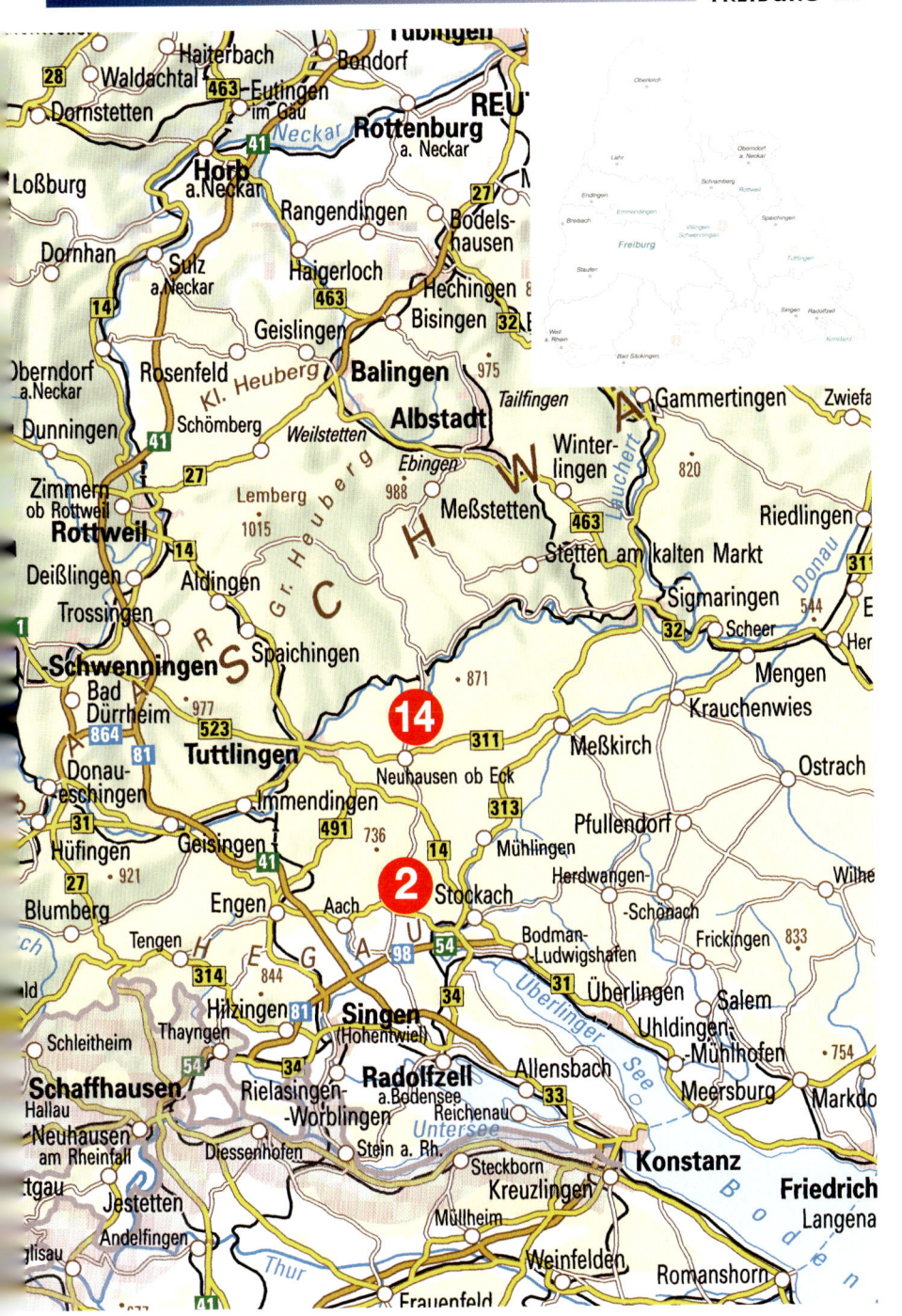

– 1 – FREIBURG – BREISGAU-HOCHSCHWARZWALD

HAPPYHORSES

HAPPYHORSES

Besitzer: Eiena Gräfin von Bentzel
Zizingerweg · 79379 Müllheim-Vogisheim
Tel.: 0 76 31 / 17 30 44 · Fax: 0 76 31 / 17 30 66
www.happyhorses.info · email: happyhorses@freenet.de

Ausbildung/Termine/Lehrgänge: Dressur bis Kl. A, Wanderreiten, Trailreiten
Kinderlehrgänge, Ferienreiten, Schulbetrieb auf 16 Schulpferden

Pferdehaltung: Paddockboxen, Offenstallhaltung, Laufstallhaltung
Koppeln 7 ha, Paddocks 1 ha, Longierzirkel
Allwetterplatz 22 x 50,

Preise: auf Anfrage

Extras: Übernachtungsmöglichkeiten für 10 Pferde und Reiter
keine Reitverbote, Wald, Weinberge, Felder
Wanderreitstation, Hotel in der Nähe

Lage: A 5 Ausfahrt Müllheim

DRESSUR / FREIZEIT / KINDERREITEN / WANDERREITSTATIONEN

BREISGAU-HOCHSCHWARZWALD – FREIBURG – 2 –

REITANLAGE ERLENHOF

REITANLAGE ERLENHOF

Besitzer: Gerhard und Gabriele Zipfel
Erlenhofstr. 5 · 79256 Buchenbach-Himmelreich
Tel.: 0 76 61 / 48 28 · Fax: 0 76 61 / 62 73 57
www.erlenhof-himmelreich.de

Ausbildung/Termine/Lehrgänge: Western- und Jungpferdeausbildung
6 Schulpferde, Lehrgänge nach Absprache, Pferdewirtschaftsm., Trainer C Westernreiten

Pferdehaltung: 24 Paddockboxen, 22 Plätze in Offenstallhaltung mit computergesteuerter Fütterung, Koppeln 12 ha, Paddocks 600 qm
Reithalle 20 x 45, Sandplatz 35 x 70, Galoppbahn 1,5 km, Waschplatz, Solarium

Preise: 345.-- bis 375.-- €

Extras: Übernachtungsmöglichkeiten für 3 Pferde und 10 Reiter (Ferienwohnungen) prämierter Betrieb "FN-Stallbauwettbewerb", 4 Sterne LAG-Stall
endlose Waldwege zur Erkundung der schönen Schwarzwälder Kulturlandschaft bei geführten Ausritten, klimatisch bevorzugt für Mensch und Pferd
harmonische Stallgemeinschaft von Klassischem- und Western-Stil

Lage: 10 km östlich von Freiburg B 31, zum Bahnhof 3 Gehminuten

WESTERN / SCHULBETRIEB / PFERDEAUSBILDUNG

– 3 – FREIBURG – EMMENDINGEN
REITERHOF KÖNIGER

REITERHOF KÖNIGER

Besitzer: Xaver Königer
Breisacherstr. 2 b · 79331 Teningen/Nimb.
Tel.: 0 76 63 / 51 19 · Fax: 0 76 63 / 60 71 82
www.reiterhofkoeniger.de

Ausbildung/Termine/Lehrgänge: Dressur bis Kl. L/M, Springen bis Kl. L/M
Fahrkurse, Schulbetrieb auf 16 Schulpferden

Pferdehaltung: 15 Außenboxen, 15 Innenboxen mit Fenstern
Koppeln 5 ha, Hengsthaltung, Longierzirkel, Galoppbahn 400 m
Reithalle 20 x 40, Allwetterplatz 20 x 40
Sandplatz 20 x 50, Rasenplatz 50 x 100, Waschplatz, Stüberl

Preise: auf Anfrage

Extras: Kaiserstuhlgebiet

Lage: 1 km von A 5 Abfahrt Teningen, 500 m von Ortschaft Nimburg entfernt
15 km von Freiburg, gute Anbindung mit öffentlichen Verkehrsmitteln

WERBEPARTNER

Doppelmeisterbetrieb
Das einzige private Trainingszentrum in Süddeutschland
für die Ausbildung zum Trainer C, B und A

Individuelle Ausbildung von Reiter & Pferd in Dressur,
Springen und Vielseitigkeit bis zur Klasse S

Lehrgänge vom kleinen Reitabzeichen bis zum Trainer A

Voltigieren & Behindertenreiten · Pensionspferdehaltung

**Markus und Yvonne Lämmle · Pferdewirtschaftsmeister FN-Reiten und Team
Franzosenstr. 18 · 79341 Kenzingen · Tel.: 0 76 44 / 93 13 68 · Fax: 0 76 44 / 93 13 68
Mobil: 0172 / 740 40 56 · www.Reitsportzentrum-Kenzingen.de**

---

cobra® www.cobrasaettel.de
Pferdegerechte Sättel
Die innovativen Sattelprogramme
cobra® *Amerigo* vega **für Sport und Freizeit!**

Einkreut 33, 84061 Ergoldsbach, Tel. 08773/708870, Fax: 08773/707870

Krämer

Tel.: 01 80 / 5 94 94 00
Fax: 01 80 / 5 94 94 88
info@kraemer-pferdesport.de
www.kraemer-pferdesport.de

MEGA STORE
SCHWABEN A7/A8
AUSFAHRT LANGENAU
ab April 2006

Freiburg

Und wer macht die schönen Fotos?

Ab sofort finden Sie alle unsere
aktuellen Pferdefotos im Internet

www.fotoagentur-dill.de
(man sagt wir haben magische Bilder)

Fotoagentur Dill

Dr.-Wacker-Str. 37
90596 Schwanstetten
Tel.: (09170) 7460
Fax.: (09170) 7697
mobil: 0179 5961156
info@fotoagentur-dill.de

Wir sind nicht nur auf Turnieren unterwegs
sondern kommen auf Wunsch gerne auch
zu Ihrem Stall.

PFERDE-INFO

– 4 – FREIBURG

PFERDEPENSION DÜRRMEIER

PFERDEPENSION DÜRRMEIER

Besitzer: D. Dürrmeier
Waldmösle 5 · 79112 Freiburg-Opfingen
Tel.: 0 179 / 522 81 53
www.pferdepension-freiburg.de

Ausbildung/Termine/Lehrgänge: auf Anfrage, freie Reitlehrerwahl

Pferdehaltung: 3 Paddockboxen, 38 Außenboxen, 7 Innenboxen
Offenstallhaltung, Koppeln 9 ha, Paddocks, Führmaschine (i. PL), Reithalle 20 x 60
2 Sandplätze 20 x 40, Waschplatz, Solarium, Stüberl

Preise: auf Anfrage

Extras: Übernachtungsmöglichkeiten für 2 Pferde,
sehr schönes Ausreitgelände, Waldwege, Wiesenwege, Reben
tägl. Weidegang

Lage: In Opfingen biegen Sie links in Richtung Freiburg ab, fahren gerade durch den Kreisverkehr, und etwa 800 m außerhalb des Dorfes, an der Bushaltestelle Waldmösle biegen Sie rechts ab. Nach etwa 700 m gelangen Sie auf unsere Pferdepension

… FREIBURG – 5 –

PFERDEPENSION GEHRING

PFERDEPENSION GEHRING

Besitzer: Franz Gehring
Im Fuchsloch · 79224 Umkirch
Tel.: 0 76 65 / 79 34 · Fax: 0 76 65 / 939 08 17
www.franz-gehring.de

Ausbildung/Termine/Lehrgänge: Dressur und Springen bis Kl. M
Distanz, International
Kinderreitferien, Ponyreiten, Schulbetrieb auf 5 Schulpferden

Pferdehaltung: Paddockboxen, Offenstallhaltung
Koppeln 4,5 ha, Longierzirkel
Reithalle 15 x 25, Sandplatz 20 x 80, Stüberl

Preise: auf Anfrage

Extras: Übernachtungsmöglichkeiten für 3 Pferde
alles Videoüberwacht, Ponyreiten, Kinderreitferien
schönes Ausreitgelände, Wald und befestigte Reitwege

Lage: Autobahn A 5, Abfahrt Freiburg Mitte, Richtung Umkirch

DRESSUR / SPRINGEN / FREIZEIT / WESTERN / DISTANZ

– 6 – FREIBURG

FOHLENPENSION

FOHLENPENSION

Besitzer: Fam. Peter Schwenninger
Ried 1
79288 Goltenheim
Tel.: 0 76 65 / 67 17
Fax. 0 76 65 / 93 29 200

Ausbildung/Termine/Lehrgänge: ausschl. Fohlenaufzucht

Pferdehaltung: Offenstallhaltung
Koppeln 12 ha, Allwetterplatz

Preise: auf Anfrage

Extras: getrennte Hengst- und Stutenweiden
Erziehung im Sozialverhalten

FREIBURG – 7 –

REITSTALL ENGLER

REITSTALL ENGLER

Besitzer: Thomas Engler
Vörstetter Str. 48 · 79194 Gundelfingen
Tel./Fax: 07 61 / 58 45 85

Ausbildung/Termine/Lehrgänge: Dressur bis Kl. S, Springen bis Kl. M
kein Schulbetrieb, Lehrgänge auf Anfrage

Pferdehaltung: Außenboxen, Paddockboxen, Innenboxen mit/ohne Fenster
Offenstallhaltung, Koppeln 4 ha, Hengsthaltung, Paddocks, Führmaschine
2 Reithallen 20 x 66 und 20 x 40, 2 Sandplätze 20 x 60 und 40 x 80
Rasenplatz 40 x 100, Waschplatz, Stüberl

Preise: 315.-- bis 385.-- €

Extras: Tierarztpraxis, Deckstation, Ausbildungsbetrieb zum Pferdewirt
Übernachtungsmöglichkeit für Pferde, Gaststätte
ausgewiesene Reitwege

Lage: Nähe Autobahnausfahrt Freiburg Nord

DRESSUR / SPRINGEN / FREIZEIT

– 8 – FREIBURG – KONSTANZ

SAMSHOF

SAMSHOF

Besitzer: Annette Geisendorf
Steigäckerstr. 29 · 78333 Stockach - Raithaslach
Tel.: 0 77 71 / 91 63 52 · Fax: 0 77 71 / 91 76 58
Internet: www.samshof.de

Ausbildung/Termine/Lehrgänge: Horsemanship, Trail Reining, ab Sommer 06 Rinderarbeit, Kursprogramm auf Anfrage Schulbetrieb auf 4 Schulpferden und Ponys, Teil- und Vollberitt möglich

Pferdehaltung: 9 Paddockboxen, 1 Innenbox mit Fenster, 4 Offenstallhaltung Koppeln 3 ha, Paddocks 2000 qm, Reithalle 20 x 25, Allwetterplatz 20 x 40 Waschplatz, Stüberl

Preise: 190.-- bis 300.-- €

Extras: Übernachtungsmöglichkeiten für Pferde und Reiter individuelle Fütterung, nur Bioheu und -stroh spezielle Kurse für ältere Reitanfänger und Wiedereinsteiger

Lage: 12 km vom Bodensee im wunderschönen Hegau

WERBEPARTNER

Dr. med. vet.
Andreas Roeckl
Fachtierarzt für Pferde
Pferde- und Kleintierpraxis

WWW.
tierarzt-roeckl.de

Zollhäusleweg 3 / Zollhaus
78052 Villingen-Schwenningen
Tel. 0 77 21 / 206 19 30
Fax 0 77 21 / 206 19 34
www.tierarzt-roeckl.de

HARMONIE PFERD UND MENSCH

Shadow-Show-Team
Pferdeshows mit dem einzigen "Tigerhorse" Europas

Pegasus-System
Kurse, Ausbildung und Einzelschulung:
Zirkuslektionen, Doppellonge, Langer Zügel,
Kreative Bodenarbeit, Reiten ohne Sattel und Zaumzeug

ETmotion
Tierfotographie und Bildreportagen

Blues Starlight
American Quarter Pony Deckhengst

K.Tillisch / I.Ehrmeier
Auf der Golz 4
D-77887 Sasbachwalden
Tel/Fax: 07841-280519
www.Shadow-Show-Team.com
www.Pegasus-System.com
www.Blues-Starlight.com

Freiburg

Ihr Immobilienspezialist
in Baden / Schwarzwald / Markgräflerland
Wir verkaufen auch Ihre Immobilie!!!

Für vorgemerkte Kunden suchen wir: Bauernhäuser + Reiterhöfe, aber auch
Einfamilienhäuser, DHH, RH, Wohnungen und Grundstücke in allen Größen!

Frey & Partner Immobilien - Kurt Frey
in 79418 Schliengen · Telefon: 0 76 35 / 82 20 15
www.freypartner.de · freyimmobilien@aol.com

– 9 – FREIBURG – LÖRRACH
REITSTALL LEHMANN

REITSTALL LEHMANN

Besitzer: Hermann u. Annemarie Lehmann
Riederweg 5 · 79576 Weil-Haltingen
Tel.: 0 76 21 / 70 58 31· Fax: 0 76 21 / 6 26 59
Mobil: 0173 / 884 66 36

Ausbildung/Termine/Lehrgänge: Dressur bis Kl. S und Springen bis Kl. M
Schulbetrieb auf 9 Schulpferden

Pferdehaltung: 40 Außenboxen, 20 Innenboxen mit Fenstern, 10 Innenboxen ohne Fenster, 8 Plätze in Offenstallhaltung, Koppeln 3 ha, Paddocks 1 ha
2 Reithallen 20 x 40, Sandplatz 20 x 60, Allwetterplatz 30 x 60
Rasenplatz 80 x 120, Galoppbahn, Round-Pen, Führmaschine
Waschplätze, Solarium, Stüberl

Preise: auf Anfrage

Extras: Übernachtungsmöglichkeiten für 5 Pferde und 10 Reiter (Schlafsack), Schöne Alleinlage, uneingeschränkte Reitwege zwischen Wald und Feld ohne Verbote
Familiäre Atmosphäre, Toleranz und Herzlichkeit

Lage: Autobahnausfahrt A 98 Eimeldingen Richtung Lörrach

Pony + Pferdefreunde Karsau e.V.

Verein der Pony- und Pferdefreunde Karsau e. V.

Panoramastr. 3
79618 Rheinfelden-Karsau
Tel.: 0 76 23 / 5 01 6
e-Mail: MartinaForster@t-online.de

Ausbildung/Termine/Lehrgänge: Kinder-Ponyreiten, intern bis Reiterpaß
Lehrgänge auf Anfrage
von März - Oktober, jeden 1. Samstag von 15.00 bis 17.00 Uhr Ponyreiten
einmal jährlich 3 Tage Ponyfest (3. Wochenende im September)
Mitgliedschaft nur für Familien, Mithilfe erforderlich

Pferdehaltung: 14 Innenboxen mit/ohne Fenster, Koppeln 3 ha
Sandplatz 20 x 38, Waschplatz, Stüberl

Extras: uneingeschränkte Reitwege zwischen Wald und Wiesen, hügeliges Gelände
Übernachtungsmöglichkeiten für 5 bis 10 Pferde, Reiter im Strohlager

Lage: Rheinfelden Ortsteil Karsau, Ortsrandlage

– 11 – FREIBURG – LÖRRACH

REITERHOF FRECH

REITERHOF FRECH - CITY KARSAU

Besitzer: Ingrid + Günther Frech
Sengeleweg 6 · 79618 Rheinfelden
Tel.: 0 76 23 / 5 07 96 · Fax: 0 76 23 / 79 69 67

Ausbildung/Termine/Lehrgänge: Kurse/Unterricht Englisch und Western auf Schulpferden oder eigenem Pferd, geführte Ausritte

Pferdehaltung: 15 Außenboxen, 23 Paddockboxen, 20 Innenboxen mit Fenstern
4 x Laufstallhaltung, Koppeln, Fohlenweide, Hengsthaltung
2 Reithallen (große + kleine), Allwetterplatz 20 x 40 (beleuchtet)
Longierhalle, Führmaschine, Waschplatz, Reiterstübchen

Preise: 270.-- bis 330.-- €

Extras: Übernachtungsmöglichkeit für 10 Pferde/Reiter
familiäre Atmosphäre, im Sommer frisches Gras, viel Weidegang auch im Winter
Heu und Stroh aus Eigenerzeugung
uneingeschänkte Feld, Wald und Wiesenwege

Lage: A 98 Richtung Bad Säckingen, McDonalds an der Ampel links

LÖRRACH – FREIBURG – 12 –

REITERVEREIN LÖRRACH

Meisterbetrieb

Staatlich geprüfter Berufsreitlehrer

REITERVEREIN LÖRRACH

Besitzer: Reiterverein Lörrach e.V.
Rheinfelderstr. 2 · 79539 Lörrach
Tel.: 0 76 21 / 35 38
Internet: www.reitverein-loerrach.de

Ausbildung/Termine/Lehrgänge: Dressur u. Springen, Karl-Heinz Schüren bis Kl. M, Voltigieren, Marion Schüren bis Dt. Meisterschaften, Lehrgänge auf Anfrage (Fronleichnam jedes Jahr Tag des Pferdes mit Showprogramm und anschl. Reitturnier) Schulbetrieb jeden Tag mit 15 Schulpferden und Ponys

Pferdehaltung: 20 Paddockboxen, 20 Innenboxen mit Fenstern (Offenstall geplant) Koppeln, (Longierzirkel und Führanlage in Planung), Reithalle 20 x 40 Sandplatz 30 x 50, Rasenplatz 30 x 60, Waschbox, Reiterstübchen Fertigstellung der neuen Reitanlage seit Sommer 2005

Preise: auf Anfrage

Extras: Meisterbetrieb der FN, Ausbildungsbetrieb für Pferdewirte Beritt von Privatpferden, Ausbildung von jungen Pferden, Gruppen- u. Einzelunterricht, FN geprüfte Übungsleiter, Voltigieren, Ausritte, gutes Reitgelände Tagesausflüge, Lehrgänge, Auszeichnung für Jugendarbeit 2004 Ferienlehrgänge für Kinder und Jugendliche

Lage: 7 km von Basel, 1 km von Autobahnende A 98, Stadtrandlage

DRESSUR / SPRINGEN / FREIZEIT / VOLTIGIEREN

– 13 – FREIBURG – LÖRRACH
REITSTALL KAUFMANN

REITSTALL KAUFMANN

Besitzer: Frieder Kaufmann
Sommermattenweg 2 · 79589 Binzen
Tel.: 0 76 21 / 6 55 66

Ausbildung/Termine/Lehrgänge: Reitlehrer Herr Jensen, Dressur bis Kl. S
freie Reitlehrerwahl, Lehrgänge auf Anfrage

Pferdehaltung: Außenboxen, Innenboxen mit/ohne Fenster
Offenstallhaltung, Koppeln 5 ha
Reithalle 20 x 40, Sandplatz 20 x 40
Waschplatz, Stüberl, Duschmöglichkeit

Preise: 250.-- bis 300.-- €

Extras: Übernachtungsmöglichkeiten für 5 Pferde und Reiter im Heustock für Wanderreiter, Weidegang, sehr schönes Ausreitgelände, Weinberge, Wald ebene und bergige Flächen

Lage: Grenznähe inmitten der "Toscana" Deutschlands
zu Frankreich und Schweiz (5 km)

TUTTLINGEN – FREIBURG – 14 –

RUDI´S RANCH

RUDI´S RANCH

Besitzer: Karin Kiene & Dieter Martin
Stockacker Hof · 88637 Buchheim
Tel.: 0 77 77 / 920 977 · Fax: 0 77 77 / 93 97 67 · Mobil: 0173 / 637 90 04
rudis-ranch@freenet.de

Pferdehaltung: 5 Gästeboxen, 25 Plätze in Offenstallhaltung
Koppeln 35 ha, großzügige Paddocks, Round Pen
Allwetterplatz 30 x 40, Waschplatz, Reiterstüble mit WC, Duschmöglichkeit

Preise: pro Pferd 205.-- €   Nachlass für Gnadenbrotpferde

Extras: Unterbringungsmöglichkeiten für 10 Pferde
Übernachtung im Tipi oder im Heu, Ferienwohnung auf dem Nachbarhof (2km)
alle Koppeln am Stall, Heu aus eigener Erzeugung
Ranchreiten an eigener Gallowayherde

Lage: Alleinlage zwischen Tuttlingen und Sigmaringen
Das Donautal beginnt direkt vor unserer Haustür und bietet atemberaubende
Panoramas bei unvergesslichen Ausritten

FREIZEIT / WESTERN

– 15 – FREIBURG – WALDSHUT

FALKENHOF PFERDEPENSION GAMP

FALKENHOF PFERDEPENSION GAMP

Besitzer: Familie Christian Gamp
Schnörringen 6 · 79809 Weilheim
Tel.: 0 77 47 / 91 97 93 · R.Gamp@gmx.de

Ausbildung/Termine/Lehrgänge: Ausbildung und Anreiten von Jungpferden
FN Bereiterin am Hof für Beritt oder Ausbildung von Reiter und Pferd
Schulbetrieb auf Anfrage

Pferdehaltung: 17 Außenboxen mit Paddocks
Koppeln 6,5 ha, Paddocks 156 qm, befestigte Allwetterkoppel
Reithalle nur mit Hänger erreichbar, Sandplatz 20 x 40, Waschplatz

Preise: 110.-- bis 217.-- €

Extras: FN Mitgliedstall, jede Box mit Paddock
Reitplatz mit Otto-Bodenmatten
tägl. Koppelgang (im Sommer Nachts),
Pferdepension in ruhiger, abgelegener Gegend, für Reiter die die Natur lieben
hier kann man noch reiten nach Lust und Laune, wohin das Herz begehrt
vom 1/2-Stunde-Ritt bis zu Wanderritten von mehreren Tagen

AUSWÄRTIGE
FERIENHÖFE

1. Kollerhof Reiter- und Freizeitpension
2. Alte Schmiede Islandpferdehof
3. Pullman City Westernstadt

www.pferdeinfo.com

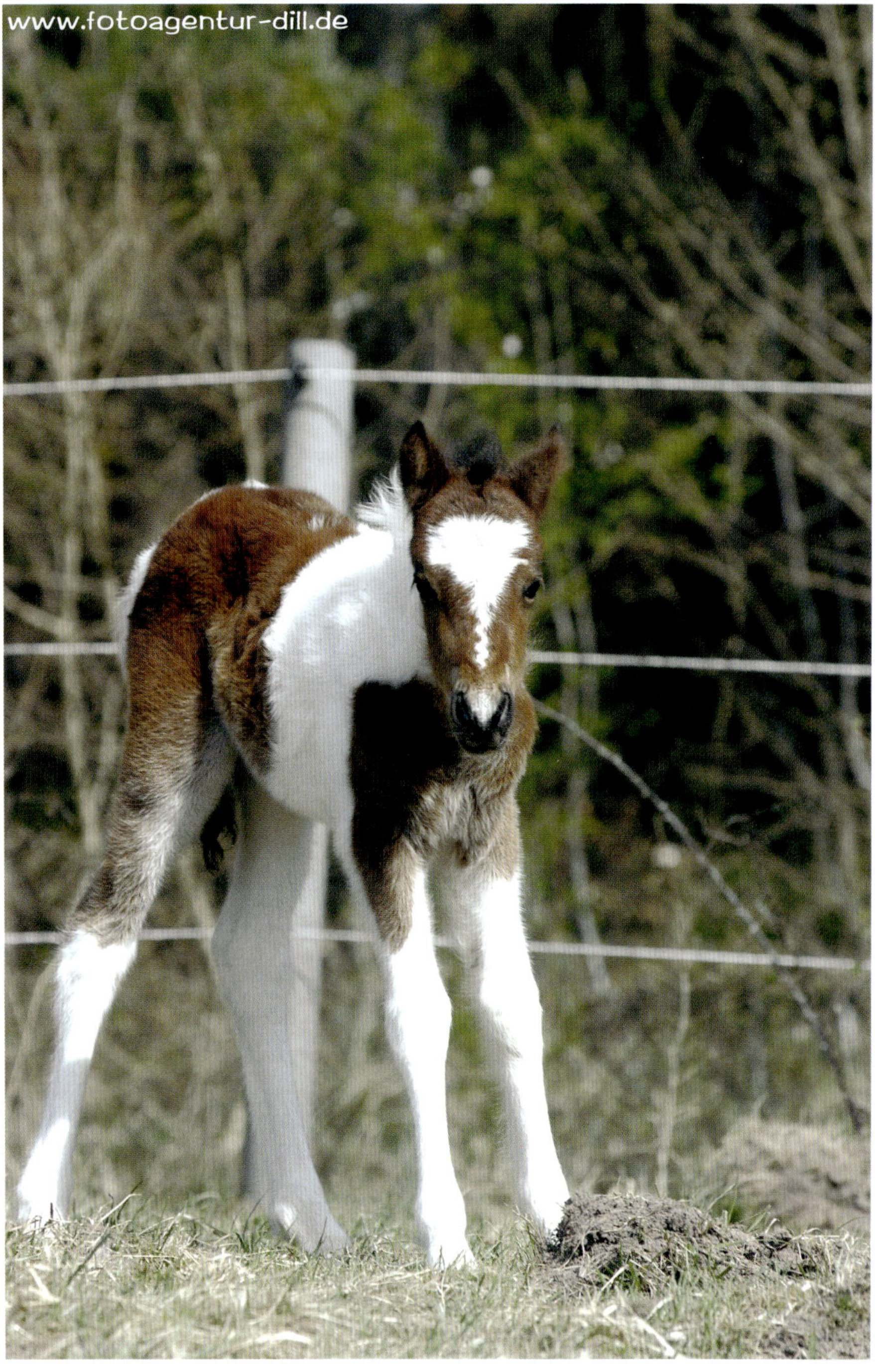
www.fotoagentur-dill.de

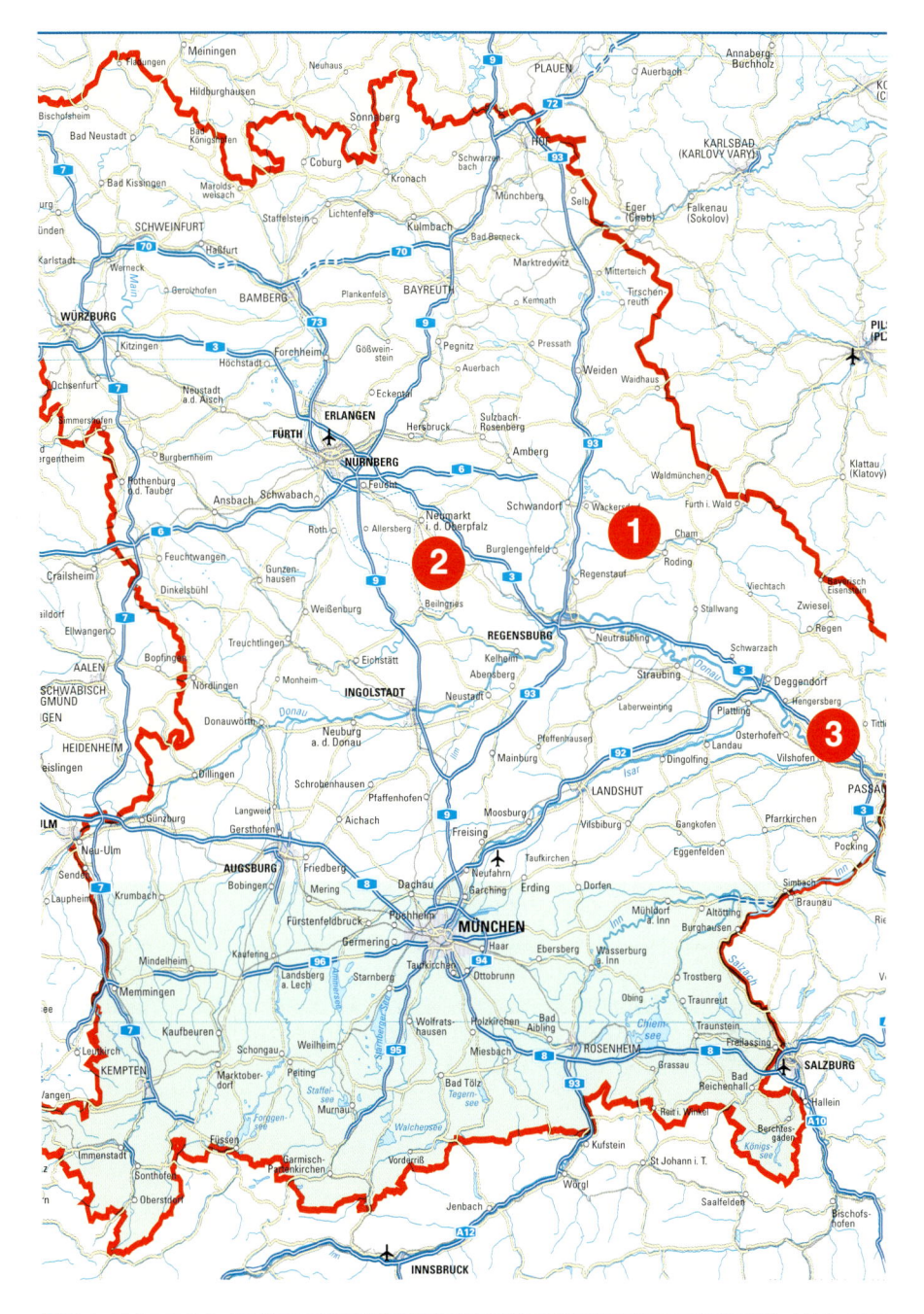

AUSWÄRTIGE

PFERDE-INFO 159

– 1 – AUSWÄRTIGE

REITER- UND FREIZEITPENSION
KOLLERHOF***

Beliebtester Ferienhof 2003

Besitzer: Fam. Koller · Poggersdorf 4 · 92431 Neunburg vorm Wald
Tel.: 0 96 72 / 22 24 · Fax: 0 96 72 / 44 59
E-Mail: kontakt@kollerhof.de · www. kollerhof.de

Ausbildung: Dressur und Springen bis Kl. L, Fahren IV und III, Freizeit- u. Jagdreiten Longieren, Wanderreiten, jegliche Theorie

Ausstattung: 30 Schulpferde, qualifizierter Unterricht für Kinder u. Erwachsene 2 Reithallen je 20 x 40, Sandplatz 20 x 60, Rasenplatz 30 x 70

Extras: 7 Gastpferdeboxen, Wanderreitstation, FN-anerkannter Reit-, Schul- und Ausbildungbetrieb, Pension mit 80 Betten, Ferien-Whg. u. Appartements, gemütlicher Landgasthof mit Biergarten, kostenlos für Hausgäste: Badesee, Spielplatz, Fitnessraum Bücherei, TV-Raum, Grillhütte, Tischtennisplatten. Außerdem gibt es: Kutschfahrten Sauna, Solarium, Billard, Telespiele u.v.m. Nicht nur für Familien bestens geeignet Pferdefreunde kommen das ganze Jahr hindurch auf Ihre Kosten

Das Urlaubsparadies für alle Pferdefreunde

Lage: Hof in Einzellage ohne Durchgangsverkehr
umgeben von Wiesen, Seen und Wäldern
4 km südlich von Neunburg vorm Wald

AUSWÄRTIGE – 2 –

ALTE SCHMIEDE ISLANDPFERDEHOF

Alte Schmiede — Reiten und mehr

Besitzer: Leonhard Oesterle u. Kerstin Wolf
Pointgasse 10 · 92364 Deining/Tauernfeld
Tel./Fax: 0 91 84 / 7 75
Internet: www.reiten-alte-schmiede.de
E-Mail: wanderreiten-alte.schmiede@web.de

Ausbildung/Termine/Lehrgänge: Kinderkurse, Wanderreiten
Gangpferdereiten, Kurse für ängstliche Reiter
Schulbetrieb auf 6 Schulpferden

Pferdehaltung: Offenstallhaltung
Sandplatz 20 x 15, Koppeln 2 ha, Longierzirkel

Preise: Pferd 130.-- €

Extras: Übernachtungsmöglichkeit für 4 Pferde und 8 Reiter
gut ausgebildete, menschenfreundliche, verkehrssichere und nervenstarke
Islandpferde, feinfühliges Eingehen auf Können und Wünsche der Reitgäste
ganzjährig Reitbetrieb, Urlaub auf dem Islandpferdehof
kleiner, persönlich geführter Islandpferdehof

Lage: Schnell erreichbar über A9 ca. 80 Min, Ausfahrt Denkendorf
Bahnhof Neumarkt/Opf. (Transfer möglich)

FREIZEIT / WANDERREITEN

– 3 – AUSWÄRTIGE

Pullman City
Ruberting 30
94535 Eging am See
Tel.: 0 85 44 / 97 49-0
Fax: 0 85 44 / 97 49-10
www.pullmancity.de

Die lebende Westernstadt
PULLMAN CITY
in Eging a.See bei Passau

Am Fusse des Bayerischen Waldes - in Grenznähe zu Österreich und Tschechien - eingebettet in eine herrliche Landschaft liegt die Westernstadt Pullman City.
Erleben Sie eine gewaltfreie Zeitreise in die Vergangenheit des "Wilden Westens". Mit einem vielfältigen Showprogramm, vielen Attraktionen und dem hautnahen Erleben von Natur und Tier vergeht die Zeit viel zu schnell. Wer sich frühzeitig um einen der mehr als 500 vorhandenen Übernachtungsplätze z. B. im noblen Palace Hotel mitten im Herzen der Main Street oder in einer der rustikalen Blockhütten gekümmert hat, kann das Flair und Ambiente der Westernstadt bei Tag und Nacht voll genießen. Pullman City bedeutet Abenteuer und den Alltag der Cowboys und Indianer hautnah miterleben.
Einem Ritt im Westernsattel auf einem Quarterhorse oder einer Fahrt in der Postkutsche, einer flotten Sohle im Western Dance in der Music Hall zu Country Live Musik oder Lagerfeuerromantik mit einem saftigen Steak auf dem Grill
steht hier nichts im Wege.
Auch Wanderreiter sind herzlich willkommen in Pullman City.
Für die vierbeinigen Partner stehen großzügige Boxen oder Paddocks zur Verfügung, ganz egal ob für eine Nacht oder für einen ängeren Aufenthalt. Pullman City ist offizieller Wanderreitstall im Rahmen des Reitwegenetzes Niederbayern/Tschechien.
Also, mach Dich auf den Weg - egal ob mit oder ohne Cowboyhut.
Welcome home!

Branchen ABC
+
Werbepartner

www.pferdeinfo.com

BRANCHEN ABC

Anhänger

Bendix Pferde-Anhänger
82061 Neuried · Gautinger Str. 49
Telefon: 089 / 75 30 86
www.bendix-pferdeanhaenger.de
siehe Anzeige Seite 41

Böckmann-Center Freiburg
79108 Freiburg · Gundelfinger Str. 33-39
Telefon: 07 61 / 15 10 890
www.anhaengerzentrum.net
siehe Anzeige Seite 165

Herzensfroh GmbH
81243 München · Bodenseestraße 170
Telefon: 089 / 820 00 30
Telefax: 089 / 820 11 95
www.herzensfroh.de

Krämer Mega Store
Schwaben A7/A8 Ausfahrt Langenau
Magirusstraße 23
89129 Langenau
Mo. - Fr. 9.00 - 19.00 Uhr
Sa. von 9.00 - 16.00 Uhr
siehe Anzeige Seite 208

Krämer Pferdesport
Firmenzentrale Hockenheim
4. Industriestraße 1 + 2
68764 Hockenheim-Talhaus
Mo. - Fr. 9.00 - 19.00 Uhr
Sa. von 9.00 - 16.00 Uhr

Uhl, Max Mustang-Anhänger
93182 Duggendorf · Schwarzhöfe 5
Telefon: 09409/ 2205
Mobil: 0171/3210569
www.max-uhl.de

Aufzucht

Birkenhof
72770 Gönningen · Diebenloch 1
Telefon: 0 70 72 /13 19 77
www.pferdepension-armbruster.de

Guldehof
88353 Kißlegg · Oberriedgarten 2
Telefon: 0 75 63 / 23 83
www.guldehof.de

Hubertushof Reitanlage
76351 Linkenheim · Friedrichstalerstr. 23
Telefon: 0 72 47 / 9 38 30
www.hubertushof-baden.de

Kocherhof
73453 Abtsgmünd · Kocherhof 1
Telefon: 0 73 66 / 74 00
www.kocherhof.de

Krainbachhof
74193 Schwaigern-Massenbach
Krainbachhöfe 3
Telefon: 0 71 38 / 73 57
www.krainbachhof.de

Lehmann Reitstall
79576 Weil-Haltingen · Riederweg 5
Telefon: 0 70 72 / 13 19 77

Schwarz Stutenmilchgestüt
82272 Moorenweis · Steinbach 53
Telefon: 0 81 46 / 94 51 86

Schwenninger Fohlenpension
79288 Goltenheim · Ried 1
Telefon: 0 76 65 / 67 17

WERBEPARTNER

BÖCKMANN Center FREIBURG

Gundelfinger Straße 33 - 39 · 79108 Freiburg
Tel.: 07 61 / 15 10 890 · Fax: 07 61 / 15 10 899
www.anhaengerzentrum.net
info@anhaengerzentrum.net

HENGSTSTATION HOLZEDER
ZUCHT • AUSBILDUNG • VERKAUF

HENGSTE

ALVAREZ
v. Alexis Z - Landgraf I

DA LISCO
v. Darco - Jalisco B

CLOONEY
(Eurocommerce Washington)
v. Carpaccio - Cassini I

FLORESTANO
v. Florestan I - Dinard L

PROKOPP'S DUMBO
v. Burggraaf - Römischer Prinz

QUIRIN
v. Quartier Latin - Rolando

Fordern Sie unseren aktuellen Hengstprospekt an!

- Korrekte Ausbildung
- Erfolgreiche Vorstellung auf Turnieren
- Gekonnte Vermarktung
- Zufriedene Kunden
- Stolze Züchter

FLORESTANO...
Sieger in zwei BC-Qualifikationen 2004
Überragende Begabung für Piaffe und Passage

ALVARO DORENO v. Alvarez
Bundeschampionats-Finale 2003

... und seine Nachkommen
Preisspitzen Fohlenauktion
Landshut 2003 u. 2004

Rufen Sie an! Wir helfen Ihnen gerne weiter.
94094 Malching/Inn • Hauptstraße 1 • Telefon 0 85 73/3 36 • Fax 0 85 73/10 18
www.holzeder.de • info@holzeder.de

PFERDE-INFO

BRANCHEN ABC

Anhängerreparaturen

Bendix Pferde-Anhänger
82061 Neuried · Gautinger Str. 49
Telefon: 089 / 75 30 86
www.bendix-pferdeanhaenger.de
siehe Anzeige Seite 41

Böckmann-Center Freiburg
79108 Freiburg · Gundelfinger Str. 33-39
Telefon: 07 61 / 15 10 890
www.anhaengerzentrum.net
siehe Anzeige Seite 165

Ausbildung

Am Lechfeld Dressur-Ausbildungsstall
Verena Hinze
86343 Königsbrunn · Fohlenhofstr. 41
Telefon: 0 82 31 / 34 81 30

Badhof
73087 Bad Boll
Gerhard-Heyde-Weg 10
Telefon: 0 71 64 / 90 20 06
www.badhof.de · info@badhof.de

Der Sonnenhof
70378 Stuttgart
Sonnenhof 1
Telefon: 0711 / 50 74 629
Telefax: 0711 / 53 82 18
www.dersonnenhof.com

Ellinger Ausbildungsstall
71540 Murrhardt · Käsbach 35
Telefon: 0 71 92 / 2 08 30
www.dressur-design.de

Equestrian-Center - Beutel & Grom GbR
Professionelle Ausbildung von Pferd + Reiter
87733 Markt Rettenbach · Altisried 22
Telefon: 0 83 92 / 93 45 90
www.equestrian-center.de

Hengststation Holzeder
Ausbildung · Zucht · Verkauf
94094 Malching · Hauptstr. 1
Telefon: 0 85 73 / 3 76

Hubertushof Reitanlage
76351 Linkenheim · Friedrichstalerstr. 23
Telefon: 0 72 47 / 9 38 30
www.hubertushof-baden.de

Merholz Reitstall
Ausbildungsbetrieb/Pension/Pferdezucht
79618 Rheinfelden
Rheintalstr. 20 a
Telefon: 0 76 27 / 92 41 12
www.holzeder.de

Reiterhof Konle
73479 Ellwangen · Hofackerstr. 20
Telefon: 0 79 65 / 900 30
Telefax: 0 91 79 / 90 522
www.reiterhof-konle.de

Schlüsselburg, Manfred
74360 Ilsfeld · Engelsberghöfe 5
Telefon: 0 70 62 / 97 40 25
www.sven-schluesselburg.com

Shadow-Show-Team
Harmonie Pferd und Mensch
77887 Sasbachwalden
Auf der Golz 4
Telefon: 0 78 41 / 28 05 19
www.Shadow-Show-Team.com

WERBEPARTNER

HARMONIE PFERD UND MENSCH

Shadow-Show-Team
Pferdeshows mit dem einzigen "Tigerhorse" Europas

Pegasus-System
Kurse, Ausbildung und Einzelschulung
Zirkuslektionen, Doppellonge, Langer Zügel,
Kreative Bodenarbeit, Reiten ohne Sattel und Zaumzeug

ETmotion
Tierfotographie und Bildreportagen

Blues Starlight
American Quarter Pony Deckhengst

K Tillisch / I Ehrmeier
Auf der Golz 4
D-77887 Sasbachwalden
Tel/Fax 07841-280519
www.Shadow-Show-Team.com
www.Pegasus-System.com
www.Blues-Starlight.com

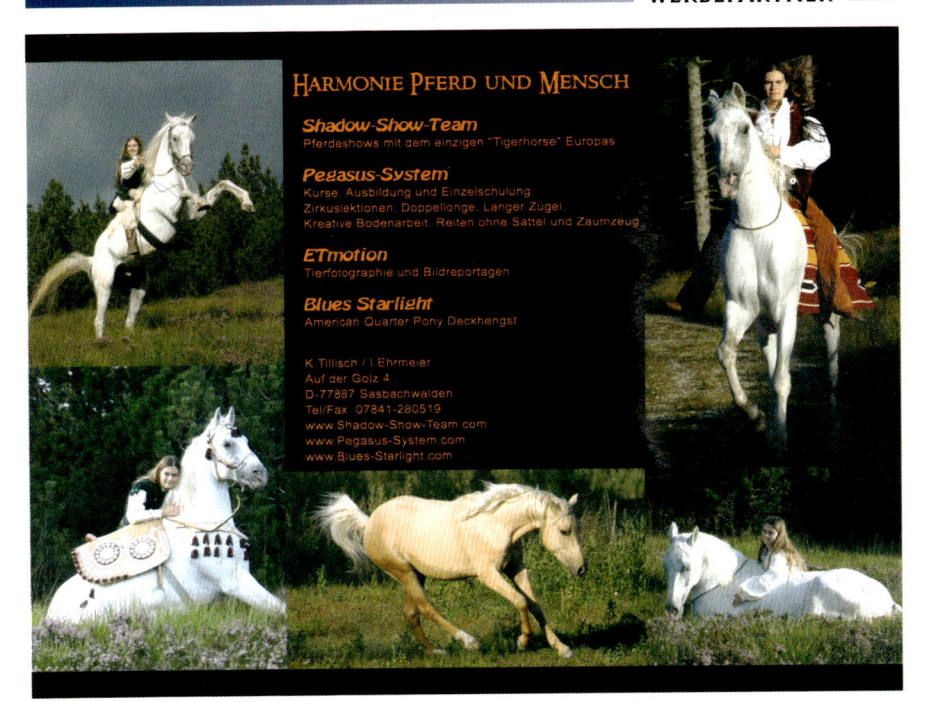

San Equidor®

Qualitätsfutter für Pferde
-Ergänzungsfutter
-Spezialfutter

© B. Stadler GmbH ~ Garkofen 1 ~ 85646 Anzing
Tel.: 08121-2546957 ~ Fax: 08121-987664 ~ www.san-equidor.com

REITHALLEN-BEREGNUNG
…vermeidet Staub und verbessert das Klima!

SCHÖPPLER
reithallen-beregnung.de

Birkach 5 • 91611 Lehrberg
Telefon (0 98 03) 91 15 88 • Fax (0 98 03) 91 15 89
www.reithallen-beregnung.de • mail@reithallen-beregnung.de

BRANCHEN ABC

Team Lämmle
79341 Kenzingen
Franzosenstraße 18
Telefon: 0 76 44 / 93 13 68
www.reitsportzentrum-kenzingen.de

Ergänzungsfuttermittel

San Equidor
85646 Anzing · Garkofen 1
Telefon: 0 81 21 / 2 51 69 57

Life Data Labs
The Original Hoof Supplement
22587 Hamburg
Telefon: 0 40 / 86 62 92 25
www.lifedatalabs.de
siehe Anzeige Seite 21

Salvana...für die Kondition
Gesunde Nahrung für alle Pferde
25311 Elmshorn
Postfach 1160
Telefon: 0 41 21 / 8 04-0 · Telefax: 8 04-10
www.salvana.com
siehe Anzeige Seite 19

Fachzeitschriften

BAYERNS PFERDE Zucht + Sport
Das bayerische Reitsportmagazin
Lothstr. 29 · D-80797 München
Telefon: 089/12705-380 · Telefax -581
www.bayernspferde.de

Fahrsport / Fahrsportartikel

Burggraf Reinhard
Telefon: 0172 / 8505741

Robert Maier GmbH - Sulkybau
Herstellung von Gigs und Kutschen
81929 München · Kunihohstr. 1
Telefon: 089/936827

Ferienhöfe

Alte Schmiede Islandpferdehof
92364 Deining · Pointgasse 10
Telefon: 0 91 84 / 7 75

Fraunholz Reiterhof
Reiterferien für Kinder, Jugendl. u. Schulklassen
91550 Dinkelsbühl · Lohe 5
Telefon: 0 98 51 / 21 89
www.fraunholz.net

Fuchsenhof Reitschule
92431 Seebarn · Stettner Weg 1
Telefon: 0 96 72 / 20 00
www.fuchsenhof.de

Kollerhof
92431 Neunburg vorm Wald/Poggersdorf
Telefon: 0 96 72 / 22 24

SAGA Reitschule Hohenlohe
74549 Wolpertshausen-Hopfach
Talstraße 8
Telefon: 0 79 07 / 94 33 19

Der Sonnenhof
70378 Stuttgart
Sonnenhof 1
Telefon: 0711 / 50 74 629
Telefax: 0711 / 53 82 18
www.dersonnenhof.com

WERBEPARTNER

SALVANA
für die Kondition

Gesunde Nahrung für alle Pferde

SALVANA TIERNAHRUNG GmbH
Postfach 1160 · 25311 Elmshorn · Tel. 0 41 21 / 8 04-0 · Fax 0 41 21 / 8 04-10
www.salvana.com · pferde@salvana.com

HÜ&HOTT® hat's
Reitsportartikel aus aller Welt

Bitte fordern Sie unseren Versandkatalog
mit vielen interessanten Reitsportartikeln an.

Hü & Hott - Abt. ED Rita Leithner
Melchior-Fanger-Str. 38 · D- 82205 Gilching
Tel.: 0 81 05 / 24 220 · Fax 0 81 05 / 24 272
www.hue-hott.de · e-mail: Rita.Leithner@t-online.de

---

derFUTTERSHOP.de

Der **24 h - Online** Shop für Futter und mehr …!
Über 600 Artikel von namhaften Herstellern.
Noch Fragen? – Schauen Sie doch mal rein!
www.**derFuttershop**.de – oder besuchen Sie uns direkt in Degerndorf

AGROBS *GmbH* • Angerbreite 27 • 82541 Degerdorf
Telefon 08171/10831 • Telefax 08171/72833
info@agrobs.de • www.agrobs.de

Branchen ABC

BRANCHEN ABC

Reiterhof Konle
73479 Ellwangen · Hofackerstr. 20
Telefon: 0 79 65 / 900 30
Telefax: 0 91 79 / 90 522
www.reiterhof-konle.de

Samshof
78333 Stockach/Raithaslach
Telefon: 0 77 71 / 91 63 52
www.samshof.de

Weilerhöhe
73345 Hohenstadt · Weilerhöhe 2
Telefon: 0 73 35 / 64 67
www.weilerhoehe.de

Führanlagen

KHB Heuschmid
87734 Benningen
Herbishofener Str. 13
Telefon: 0 83 31 / 8 25 19 · Telefax: 4 7479
www.khb-heuschmid.de
siehe Anzeige Seite 33

Röwer & Rüb Pferdesportsysteme
27321 Thedinghausen
Syker Str. 205 - 213
Telefon: 0 42 04 / 91 40 - 0
www.roewer-rueb.de
siehe Anzeige Seite 25

Futterberatung

AGROBS GmbH
82541 Degerndorf · Angerbreite 27
Telefon 0 81 71/1 08 31 · www.agrobs.de

Life Data Labs
The Original Hoof Supplement
22587 Hamburg
Telefon: 0 40 / 86 62 92 25
www.lifedatalabs.de
siehe Anzeige Seite 21

Salvana...für die Kondition
Gesunde Nahrung für alle Pferde
25311 Elmshorn · Postfach 1160
Telefon: 0 41 21 / 8 04-0 · Fax: 8 04-10
www.salvana.com

Swiss Horse Heulage
Das Beste aus der Natur für Ihr Pferd
74523 Schwäbisch Hall
Grundwiesenweg 38
Telefon: 07 91 / 49 94 97 97
www.heulage.com
siehe Anzeige Seite 17

Futtermittel

AGROBS GmbH
82541 Degerndorf · Angerbreite 27
Telefon: 0 81 71/1 08 31 · www.agrobs.de

Buderer Reitsport
77656 Offenburg-Uffhofen
Platanenallee 11
Telefon: 07 81 / 990 71 94
79331 Teningen-Nimburg
Zeppelinstr. 21
Telefon: 0 76 63 / 94 20 40
www.reitsport-buderer.de
siehe Anzeige Seite 136

WERBEPARTNER

Mrotzek-Futtermittel

Agrar- u. Reitsportbedarf
Inh. Christa Mrotzek
Biedensandstr. 24
68623 Lampertheim
Tel. 0 62 06 / 5 51 42 o. 49 11
Fax: 0 62 06 / 5 36 48

LAMPERTHEIM

- **Pferdefutter von:**
  St. Hippolyt, Mühle Ebert, Nösenberger, Deuka, Höveler, Cavalor, Frankmühle, Cremer, Futtermühlen, Ovator
- **Reitsport- und Pflegeartikel von:**
  Waldhausen, Pfiff, Kavalkade, kieffer, USG, Busse, HKM, Tuma, Mountain Horse, Eldorado, DMS, Cama, Sprenger, Ochsner, Döbert, RTS, Iris Bayer, Sommer, Mesch, Horse Center, Kentucky, Jumber King, Derby und Rexreitstiefel
- **Kleintierfutter:**
  Geflügel- und Kaninchenfutter, Katzen- und Hundetrockenfutter
- **Einstreu:**
  Hobelspäne und Leinstroh
- **Weidezaunbedarf**

---

swissHORSE HEULAGE — Die Heualternative!

Entstaubtes Raufutter mit 60-70% Trockensubstanz

Keine Schimmel- und Hefepilze

Für
- Husten-Patienten
- Lungen-Patienten
- Allergie-Patienten
- Kolik-Patienten
- Senioren-Pferde
- Sport-Pferde

Swiss Horse Heulage, Grundwiesenweg 38, 74523 Schwäbisch Hall
Tel.: 0173 - 871 14 74 oder 0791 / 49 94 97 97
Fax: 0791 / 49 94 97 98   www.heulage.com

Graf Futtermittel

Futtermittel Graf
Riedstr. 7 · 71691 Freiberg
Tel. + Fax 0 71 41 / 241968
Autotel. 0171 / 5180740

Futterkarotten
Rote Beete
Mühle Ebert-Produkte
St. Hippolyt
Späne u.v.m.

Lassen Sie sich von unserem
"gräflichem" Service überzeugen!

BRANCHEN ABC

Graf Futtermittel
71691 Freiberg · Riedstr. 7
Telefon: 0 71 41 / 24 19 68
Mobil: 0171 / 5180740

Kittel Bärbel
72119 Ammerbuch-Poltringen
Entringer Str. 24
Telefon: 0 70 73 / 34 39

Mrotzek Futtermittel
68623 Lampertheim · Biedensandstr. 24
Telefon: 0 62 06 / 5 51 42 o. 49 11
siehe Anzeige Seite 171

Pferd - Hund - Katz & Co.
Heimtierbedarf Gesser + Gesser GbR
72072 Tübingen/Derendingen
Steinlachwasen 8
Telefon: 0 70 71 / 79 96 11

Salvana...für die Kondition
Gesunde Nahrung für alle Pferde
25311 Elmshorn · Postfach 1160
Telefon: 0 41 21 / 8 04-0 · Telefax: 8 04-10
www.salvana.com
siehe Anzeige Seite 169

Swiss Horse Heulage
Das Beste aus der Natur für Ihr Pferd
74523 Schwäbisch Hall
Grundwiesenweg 38
Telefon: 07 91 / 49 94 97 97
www.heulage.com
siehe Anzeige Seite 171

Trailrider
Western- & Wanderreitzubehör, Futtermittel
Elke Steeb
72336 Balingen · Waldstetter Str. 12
Telefon: 0 74 33 / 385 255
www.trailrider.de
siehe Anzeige Seite 193

Gangpferde

Islandpferdegestüt Lichtenberg
71720 Oberstenfeld
Telefon: 0171 / 44 80 949

Oedhof - Islandpferdezucht
84166 Adlkofen · Oed 3
Telefon: 0 87 07 / 18 03

Gnadenbrotpferde

Kocherhof
73453 Abtsgmünd · Kocherhof 1
Telefon: 0 73 66 / 74 00
www.kocherhof.de

Hengststationen

Hengststation Holzeder
Ausbildung · Zucht · Verkauf
94094 Malching · Hauptstr. 1
Telefon: 0 85 73 / 3 36
www.holzeder.de

Hindernisse

KHB Heuschmid
87734 Benningen
Herbishofener Str. 13
Telefon 0 83 31 / 8 25 19 · Fax: 4 74 79
www.khb-heuschmid.de
siehe Anzeige Seite 33

Röwer & Rüb Pferdesportsysteme
27321 Thedinghausen
Syker Str. 205 - 213
Telefon: 0 42 04 / 91 40 - 0
www.roewer-rueb.de
siehe Anzeige Seite 25

WERBEPARTNER

Weidezaunprofi
Reitsportzentrum
Zaunsysteme • Stallartikel • Futtermittel • Turnierbedarf • Reitsport

Weidezaun-Systeme
Elektrozäune für alle Tierarten

GALLAGHER POWERZAUN

patura

AKO SYSTEMZÄUNE

horizont AGRAR

Martin Schaudt vertraut auf die Zaunsysteme von Weidezaunprofi

Alles aus einer Hand!   Montage-Service
Weidezäune vom Profi!

Holzpfähle mit patentierter Fußperforation, garantiert lange Lebensdauer

Holzzäune — Elektrozäune — Kunststoffzäune — durch Zaunbauweltmeister

Nie mehr Matsch!
Ecoraster-Bodenbeläge und -Tretschichten für Paddock und Reitplatz

Info-Hotline:
0 90 73 / 39 48
kostenlos Versandkatalog anfordern

Industriestr. 31 · 89423 Gundelfingen
Tel. 0 90 73 / 39 48 · Fax 0 90 73 / 37 73
E-Mail: Weidezaunprofi@t-online.de

Besuchen Sie unseren Internetshop
www.weidezaunprofi.de

Branchen ABC

PFERDE-INFO — 173

BRANCHEN ABC

Hotel

Gut Ising
Telefon: 08667 / 79-0

Reiterhotel Konle
73479 Ellwangen · Hofackerstr. 20
Telefon: 0 79 65 / 900 30
Telefax: 0 91 79 / 90 522
www.reiterhof-konle.de
siehe Anzeige Seite 97

Hufpfleger

Volk Manuela
Umstellung auf Barhuf, Pflege und Korrektur und Betreuung für Pferdehufe, Anpassen und Verkauf von Hufschuhen, Kunststoff-, Alu-, Klebebeschlag
Tel.: 0179 / 96 04 911 o. 0 62 91 / 41 57 80

BESW Hufpflegeschule
85625 Glonn, Tel. 08093/5028

Bürkel, Steffen
77787 Nordrach, Tel. 0151/12742171

Frey, Marcus
74722 Buchen-Eberstadt, Tel. 0160/96516387

Hofmann, Maik
Tel. 0174 / 5738236

Kleinert, Erwin
79822 Titisee-Neustadt, Tel. 0175/2427271

Orth, Peter
72829 Engstingen, Tel. 0171/1740864

Renner, Esther
70771 Echterdingen, Tel. 0174/9776589

Ruder, Karin
76275 Ettlingen, Tel. 0170/2309286

Hufschmiede

Fischer, Georg
89349 Oberwaldbach · Ortstr. 48
Telefon: 0 82 25 / 90 44 3
www.fischer.hufschmied@freenet.de

Steinitz, Michael
Eisenbeschlag, Orthopädische Beschläge
Barhufpflege, Nagelloser Hufschutz
78549 Spaichingen
Paul-Ehrlich-Weg 6
Telefon: 0176 / 22 13 88 41

Thome Hufbeschlag
Orthopädische Hufbeschläge
68789 St. Leon-Rot
Telefon: 0 62 27 / 5 92 09
siehe Anzeige Seite 175

Beier, Michael
74575 Schrozberg, Tel. 0173/311 28 72

Braun, Matthias
70197 Stuttgart, Tel. 0171/44 88 384

Dringenberg, Guido
76768 Berg, Tel. 0173/998 24 82

Hercher, Norbert
79395 Neuenburg, Tel. 0170/244 00 83

Müller, Joachim
71101 Schönaich, Tel. 0172/80 44 161

Neutz, Stefan
88138 Sigmarszell, Tel. 017 /658 12 92

Randecker, Konrad
72531 Hohenstein, Tel. 0171/50 85 429

Straub, Harald
72459 Albstadt, Tel. 0171/261 03 65

Vögele, Marin
71106 Magstadt, Tel. 0171/759 19 12

WERBEPARTNER

Stollenfix®

Jürgen Schmelz
Hausmoning 6 · 83317 Teisendorf
Tel.: 0 86 66 / 92 97 53 · Fax 92 97 95

www.stollenfix.de

THOME

orthopädische
Hufbeschläge
Luwex - NBS

68789 St. Leon-Rot

HUFBESCHLAG

Hornspalten-
behandlungen

Kunststoffbeschläge

Tel.: 0 62 27 / 5 92 09

Krämer

Tel.: 01 80 / 5 94 94 00
Fax: 01 80 / 5 94 94 88
info@kraemer-pferdesport.de
www.kraemer-pferdesport.de

MEGA STORE

SCHWABEN A7/A8
AUSFAHRT LANGENAU

ab April 2006

Crailsheim
Werner -von-Siemens- Str. 15
Tel. 0 79 51 - 63 66

&

Ansbach
Filiale "Hufeisen"
Würzburger Str. 44
Tel. 09 81 - 13 5 70

Unser TOP Service vom Sattlermeister:
- Probereittermine vor Ort
- anatomisch korrekte Neuanpassung und Umarbeitung von Neu- und Gebrauchtsätteln
- Problemberatung, gerne auch in Zusammenarbeit mit Ihrem Tierarzt oder Physiotherapeuten
- Sattelreparaturen

THOMAS RÖHM
Reit und Fahrsportartikel

PFERDE-INFO

BRANCHEN ABC

Hufservice

Life Data Labs
The Original Hoof Supplement
22587 Hamburg
Telefon: 0 40 / 86 62 92 25
www.lifedatalabs.de
siehe Anzeige Seite 21

Hufzubehör

Stollenfix
So einfach wie genial
83317 Teisendorf · Hausmoning 6
Telefon: 0 86 66 / 92 97 53
www.stollenfix.de
siehe Anzeige Seite 11

Immobilien

Frey & Partner
79418 Schliengen
Telefon: 0 76 35 / 82 20 15
www.freypartner.de
siehe Anzeige Seite 177

Indianisches Reiten

Kretschmer Indianischer Reitstall
indianisches, gewaltfreies Reiten
71691 Freiberg · Kugelbergstr. 30
Telefon: 0170 / 244 42 53
Telefax: 0 71 44 / 28 31 83
carmencitak@web.de
siehe Anzeige Seite 92

Infrarot Textilien

Back on Track Cetus GmbH
Infrarot-Textilien für mehr Gesundheit
84434 Kirchberg · Einfeld 7
Telefon: 0 87 62 / 72 91 -0
Mobil. 07 76 / 244 064 96
www.back-on-track.de
siehe Anzeige Seite 15

Karottenservice

Graf Futtermittel
71691 Freiberg · Riedstr. 7
Telefon: 0 71 41 / 24 19 68
Mobil: 0171 / 5180740
siehe Anzeige Seite 171

Kieswerke

Schäfer, Armin GmbH
AS-Klebsand, Ökotrennschicht, Laserplanie
68642 Bürstadt · Außerhalb 7
Telefon: 0 62 06 / 87 53
www.schaefer-reitboden.de
siehe Anzeige Seite 191

Kutschen/Fahrsport

Königer Reiterhof
Kutschfahrten
79331 Teningen/Nimb.
Breisacherstr. 2 b
Telefon: 0 76 63 / 51 19
www.reiterhofkoeniger.de

Robert Maier GmbH - Sulkybau
Herstellung von Gigs und Kutschen
81929 München · Kunihohstr. 1
Telefon 089 / 93 68 27
www.maier-sulky.de · info@maier-sulky.de

WERBEPARTNER

www.back-on-track.de

INFRAROT-Textilien

...nicht nur gegen **Gelenkschmerzen** und **Muskelverspannungen**...

erhöhte Durchblutung löst Verspannungen
vorher
nach ca. 30 Minuten

Infrarot lässt Gallen verschwinden
vorher
Back on Track
nach ca. 4 Wochen

BACK ON TRACK
TEXTILES

Was bewirkt Back on Track?
- **lindert** Schmerzen
- **löst** Muskelverspannungen
- **steigert** die Durchblutung
- bewirkt **schnellere** Heilung von Verletzungen und Entzündungen
- **beugt** Verletzungen vor

Für wen gibt es Back on Track?
Für Menschen, Pferde und Hunde

Wofür setze ich es ein?
- T-Shirt gegen **Kopf- und Rückenschmerzen** durch Muskelverspannungen
- bei **Sehnen-, Bänder-** oder **Muskelverletzungen** und **Entzündungen** als unterstützende Maßnahme
- Schoner bei **Gelenkproblemen** z.B. **Arthrose**, Verschleißerscheinungen wie Bandscheibenproblemen
- bei **Durchblutungsstörungen**, z.B. Diabetes
- **vorbeugend**, um Verletzungen zu vermeiden, z.B. während der Aufwärmphase im Sport

nur durch die eigene Körperwärme ohne Steckdose oder Akku
einfach anziehen - fertig - jederzeit - überall

Back on Track - CETUS GmbH
Einfeld 7   D-84434 Kirchberg   Tel.: 08762/7291-0   Fax: 08762/7291-20

Ausgesuchte
Dressurpferde
Springpferde
Freizeitpferde

hunter-horses.de

Sie erreichen uns unter
0172 - 71 99 88 0
0162 - 57 53 89 8
Standort Münster / Westfalen

Ihr Immobilienspezialist
in Baden / Schwarzwald / Markgräflerland
Wir verkaufen auch Ihre Immobilie!!!

Für vorgemerkte Kunden suchen wir: Bauernhäuser + Reiterhöfe, aber auch Einfamilienhäuser, DHH, RH, Wohnungen und Grundstücke in allen Größen!

Frey & Partner Immobilien - Kurt Frey
in 79418 Schliengen · Telefon: 0 76 35 / 82 20 15
www.freypartner.de · freyimmobilien@aol.com

Branchen ABC

PFERDE-INFO

BRANCHEN ABC

Laufbänder

Horse Gym 2000
86655 Harburg-Großsorheim
Möggingen 26-28
Telefon: 0 90 80 / 92 22 99
www.horse-gym-2000.de
siehe Anzeige Seite 7

Magnetfeldtherapie

Bio-medical-systems GmbH
Herstellung und Vertrieb von Laser und Puls. Magnetfeld Therapie für Pferde
65205 Wiesbaden
Telefon:/Telefax: 06 11 / 71 90 91
www.bio-medical-systems.de
e-Mail: info@bio-medical-systems.de

Ecoflow
Fa. Patzek · Mobil: 0172/8344045
A. Sedlmeier · Mobil: 0163/3707105

Magnetfelddecken-Verleih
Pferdephysiotherapeutin + Tierheilpraktikerin
Barbara Zuber-Lanzinner
86732 Oettingen
Telefon: 0179 / 2922362

Meldestellenservice

Grabmayer
Vorbereitung, Abwicklung, Nachbearbeitung
86706 Weichering · Weiherstr. 9
Telefon: 0 84 54 / 9 11 425
www.grabmayer.de

Naturheilkunde

Allgäuer Kräuterhaus
Bio-Dessimin zur Inhalation bei Pferdehusten, weitere biolog. Pflegeprodukte für Sommerekzeme, Mauke etc.
87733 Markt Rettenbach · Fuggerring 22
Telefon: 0 83 92 - 93 49 52
www.allgaeuer-kraeuterhaus.de

Hahlweg, Julia Melanie
Tierheilpraxis für Pferde
71263 Weil an der Stadt
Hohenzollernstr. 9
Telefon: + 49 (0)70 33 /46 40 91
www.tierheilpraxis-fuer-pferde.de

Richter, Kerstin
Naturheilpraxis für Pferde
Akupunktur, Homöopathie, Phyto u.a.
75449 Wurmberg · Seehausstr. 25
Telefon: 0 70 44 / 900 257
Mobil: 0176 / 24 79 58 07

Parelli

Parelli Deutschland
Ausbildung und Vertrieb
Telefon: +49 (0) 421 / 244 49 11
www.patparelli.de
siehe Anzeige Seite 46

Pferde-Akupunktur

Hahlweg, Julia Melanie
Tierheilpraxis für Pferde
71263 Weil an der Stadt
Hohenzollernstr. 9
Telefon: + 49 (0)70 33 / 46 40 91
www.tierheilpraxis-fuer-pferde.de
siehe Anzeige Seite 179

WERBEPARTNER

Visitenkarten

verkleinerte Darstellung

500 Visitenkarten EUR 120.– zzgl. gesetzl. MwSt.

Sie benötigen Visitenkarten...
wir gestalten Ihre Visitenkarten individuell nach Ihren Wünschen und Motiven
Scheckkartenformat (abegrundete Ecken) • beidseitig cellophaniert • 300 g/m Papier
Es entstehen keine weiteren Kosten dieser Preis beinhaltet alles (zzgl. MwSt.)
Equi-Design · Am Marienberg · 82239 Alling · Tel. 0 81 41 / 35 75 35
info@pferdeinfo.com · www.pferdeinfo.com

Geschenktip!

www. **equi-art** .de

Tierzeichnungen nach Foto
Portraits Körperstudien Ganzkörperzeichnungen

Kreatives rund um Pferde und Reitsport
Logo Banner Visitenkarten Flyer

Dipl.Designerin Kerstin Gburek-Bahr
08145 - 92 80 84

Tierheilpraxis für Pferde - Julia Melanie Hahlweg

Hohenzollernstraße 9 - 71263 Weil der Stadt
Tel: +49 (0) 7033 - 46 40 91 - Mobil 0173 - 92 50 486

www.tierheilpraxis-fuer-pferde.de

Naturheilverfahren:
Aderlass - Akupunktur - Bachblüten - Blutegel - Eigenblut
Homöopathie - Lymphdrainagen - Massagen - Phytotherapie

PFERDE-INFO

BRANCHEN ABC

Pferdeanhänger

Bendix Pferde-Anhänger
82061 Neuried · Gautinger Str. 49
Telefon: 0 89 / 75 30 86
www.bendix-pferdeanhaenger.de
siehe Anzeige Seite 41

Böckmann-Center Freiburg
79108 Freiburg · Gundelfinger Str. 33-39
Telefon: 07 61 / 15 10 890
www.anhaengerzentrum.net
siehe Anzeige Seite 39

Krämer Mega Store
Schwaben A7/A8 Ausfahrt Langenau
Magirusstraße 23
89129 Langenau
Mo. - Fr. 9.00 - 19.00 Uhr
Sa. von 9.00 - 16.00 Uhr

Krämer Pferdesport
Firmenzentrale Hockenheim
4. Industriestraße 1 + 2
68764 Hockenheim-Talhaus
Mo. - Fr. 9.00 - 19.00 Uhr
Sa. von 9.00 - 16.00 Uhr

Pferdefotografie

Dill, Fotoagentur
90596 Schwanstetten · Dr.-Wacker-Str. 37
Telefon: 0 91 70 / 74 60
www.fotoagentur-dill.de

Shadow-Show-Team
Tierfotografie und Bildreportagen
77887 Sasbachwalden
Auf der Golz 4
Telefon: 0 78 41 / 28 05 19
www.Shadow-Show-Team.com

Pferdeklinik

Häussermann Pferdeklinik
Dr. Berg, K.M.
74177 Bad Friedrichshall
Riedweg 15
Telefon: 0 71 36 / 50 55
siehe Anzeige Seite 181

Pferdeklinik am Ried
89129 Langenau · Dieselstr. 11
Telefon: 0 73 45 / 23 75 66
www.pferdeklinik-am-ried.com
siehe Anzeige Seite 181

Pferdeklinik München Riem
Dr. Donandt, Dietz · Dr. Zeitelhack, Michael
81929 München · Graf-Lehndorff-Str. 36
Telefon: 0 89 / 9 08 506
www.pferdeklinik-muenchen.de

Pferdeklinik Wolfesing
Dr. Brems, Rüdiger
85604 Zorneding · Wolfesing 12
Telefon: 0 81 06 / 2 09 66

Tierärztliche Klinik für Pferde
Dr. Adamo Eberhard · Dr. Jan-A. Sichert
89275 Elchingen
Weissingerstraße 25
Telefon: 0 73 08 / 92 20 60
www.tierklinik-elchingen.de
siehe Anzeige Seite 199

Tierärztliche Klinik für Pferde
Dr. Assmann, Gerhard
Fachtierarzt für Pferde
88145 Opfenbach · Mannsnetterstr. 28
Telefon: 0 83 85 / 9 22 00
siehe Anzeige Seite 199

WERBEPARTNER

Pferdeklinik am Ried

Dieselstr. 11
89129 Langenau
Tel.: 0 73 45 / 23 75 66
Fax: 0 73 45 / 23 75 67
E-Mail: dr.klausbosler@t-online.de

www.pferdeklinik-am-ried.com

Pferdeklinik Häussermann

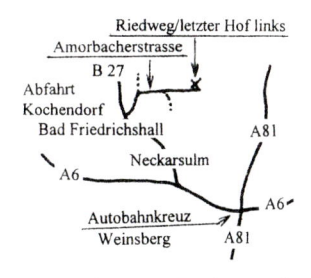

Dr. med. vet. K.M. Berg
Fachtierarzt für Pferde

Ambulante Pferdepraxis
Klein- u. Nutztierpraxis
Notdienst: 0171 - 672 97 94

Riedweg 15
74177 Bad Friedrichshall
Tel. 0 71 36 - 50 55
Fax 0 71 36 - 2 30 36

PFERDE-INFO 181

BRANCHEN ABC

Tierärztliche Klinik Ludwigshafen
Dr. Bayer, Marcus · Dr. Horstmann, Wigo
67067 Ludwigshafen · Breite Str. 141
Telefon: 06 21 / 55 89 07
www.pferdeklinik-bayer-horstmann.de
siehe Anzeige Seite Umschlagseite 3

Pferdemasseur

Schmidt - Pferdemasseur 0174/3580333
Behandlung - Vorbeuge - Wellness
Reitunterricht Heinrich, Tel.: 0174 - 35 80 333
www.team-majosi.de

Pferdeosteopathie

Gorgs, Gabi
Energetische Osteopathie, Manuelle Therapie
Akupunktur, Bioresonanztherapie, Homöopathie
78315 Radolfzell · Finkenstr. 4
Telefon: 0 77 32 / 95 00 81
Mobil: 0160 / 94 98 43 06
therapie@gabigorgs.de
siehe Anzeige Seite 183

Pferde-/Tiermalerei

Gburek-Bahr, Kerstin
Telefon: 0 81 45 / 92 80 84
www.equi-art.de

Konle, Iris
individuelle Tier- und Menschenportraits
73479 Ellwangen-Röhlingen
Rathausstr. 5
Telefon: 0 79 65 / 393
www.portrait-art-konle.de
siehe Anzeige Seite 183

Pferdetransporte

Furrer Pferdetransporte
internationale Transporte - auch über Fähren
Kliniktransporte - Flughafenservice - Pferdetaxi
76337 Waldbronn · Telefon 0 72 43 / 69443
Mobil 0171 / 813 26 08 · Fax 0 72 43 / 65923
www.Furrerpferdetransporte.de

Pferdetransporter

Henning Nutzfahrzeuge
75053 Gondelsheim · Industriestraße 9
Telefon: 0 72 52 / 94 80 12
Mobil: 0172 / 726 34 47
www.henning-pferdetransporter.de
siehe Anzeige Seite 183

Pferdevermarktung/-handel

Badhof
73087 Bad Boll
Gerhard-Heyde-Weg 10
Telefon: 0 71 64 / 90 20 06
www.badhof.de · info@badhof.de

Birkhof Gestüt
73072 Donzdorf
Telefon: 0 71 62 / 2 98 86
www.gestuet-birkhof.com

Equestrian-Center - Beutel & Grom GbR
Professionelle Ausbildung von Pferd + Reiter
87733 Markt Rettenbach · Altisried 22
Telefon: 0 83 92 / 93 45 90
www.equestrian-center.de

WERBEPARTNER

Pferdetransporter Henning

Fa. Friedhelm Henning Nutzfahrzeuge

Industristr. 9
75053 Gondelsheim

Telefon 0 72 52 / 94 80 12
Auto: 0172 - 726 34 47

www.henning-pferdetransporter.de

alles rund um den LKW
aus erfahrener Hand

An- u. Verkauf / Reparaturen
Miet LKWs / Auf u. Umbauten
Lackier, u. Karosseriefachbetrieb

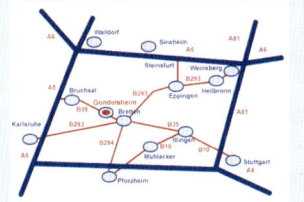

Alternative Therapiemethoden für Tiere e.V.

Gabi Gorgs

- Energetische Osteopathie
- Manuelle Therapie
- Akupunktur
- Bioresonanztherapie
- Homöopathie

Mob +49 (0)160 94 98 43 06   therapie@gabigorgs.de

---

www.portrait-art-konle.de
Iris Konle
individuelle Tier- und Menschenportraits in Pastell u.a.
Rathausstr.5, 73479 Ellwangen-Röhlingen, Tel. 07965 393

Branchen ABC

PFERDE-INFO   183

BRANCHEN ABC

Hengststation Holzeder
Ausbildung · Zucht · Verkauf
94094 Malching · Hauptstr. 1
Telefon: 0 85 73 / 3 36
www.holzeder.de

Islandpferdegestüt Lichtenberg
71720 Oberstenfeld
Telefon: 0171 / 44 80 949

Pfitzer Pferdezucht
73479 Ellwangen-Neunheim
Rattstadter Str. 18
Telefon: 0 79 61 / 75 74

SAGA Reitschule Hohenlohe
74549 Wolpertshausen-Hopfach
Talstraße 8
Telefon: 0 79 07 /94 33 19

Schlüsselburg, Manfred
74360 Ilsfeld · Engelsberghöfe 5
Telefon: 0 70 62 / 97 40 25
www.sven-schluesselburg.com

Steindl Verkaufsstall
85402 Kranzberg · Thurnsberg 12
Telefon: 0172 / 88 43 313

Pferdezahnpflege

Krieg, Ulrike
Zahnprobleme beim Pferd ?
Beratung, Behandlung, Information
77933 Lahr · Weilerfeldstr. 9
Telefon: 0 78 21 / 392 12
Mobil: 0160 / 545 86 22
www.pferdezahnpflege-suedwest.de

Pferdezucht

Aßmus Ranch - Paint + Quarter
74189 Weinsberg · Reitanlage Weißenhof
Telefon: 0 71 34 / 90 16 59

Birkhof Gestüt
73072 Donzdorf
Telefon: 0 71 62 / 2 98 86
www.gestuet-birkhof.com

Gestüt Hahnenhof
71566 Althütte · Hahnenhof 4
Telefon: 0 71 83 / 42 84 38
www.bunte-pferde.de

Islandpferdegestüt Lichtenberg
71720 Oberstenfeld
Telefon: 0171 / 44 80 949

Pfitzer Pferdezucht
73479 Ellwangen-Neunheim
Rattstadter Str. 18
Telefon: 0 79 61 / 75 74

Schlüsselburg, Manfred
74360 Ilsfeld · Engelsberghöfe 5
Telefon: 0 70 62 / 97 40 25
www.sven-schluesselburg.com

Pflegeprodukte

AGROBS GmbH
82541 Degerndorf · Angerbreite 27
Telefon: 0 81 71/ 1 08 31 · www.agrobs.de

Life Data Labs
The Original Hoof Supplement
22587 Hamburg
Telefon: 0 40 / 86 62 92 25
www.lifedatalabs.de
siehe Anzeige Seite 21

WERBEPARTNER

Und wer macht die schönen Fotos?

Fotoagentur Dill

Dr.-Wacker-Str. 37
90596 Schwanstetten
Tel.: (09170) 7460
Fax: (09170) 7697
mobil: 0179 5961156
info@fotoagentur-dill.de

Ab sofort finden Sie alle unsere aktuellen Pferdefotos im Internet
www.fotoagentur-dill.de
(man sagt wir haben magische Bilder)

Wir sind nicht nur auf Turnieren unterwegs sondern kommen auf Wunsch gerne auch zu Ihrem Stall.

Geschenktip!

www. **equi-art** .de

Tierzeichnungen nach Foto
Portraits   Körperstudien   Ganzkörperzeichnungen

Kreatives rund um Pferde und Reitsport
Logo   Banner   Visitenkarten   Flyer

Dipl.Designerin Kerstin Gburek-Bahr
08145 - 92 80 84

Das Reitsportmagazin in Bayern!

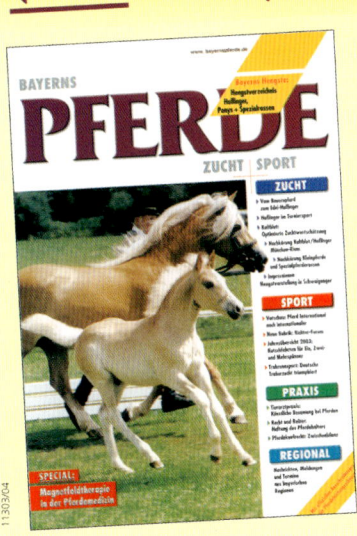

- Unverzichtbar für jeden aktiven Turnierteilnehmer durch die offiziellen Turnierausschreibungen
- Interessant für Züchter, Pferdesportler, Freizeitreiter und Pferdefreunde durch seine breite Themenvielfalt
- Pünktlich und bequem jeden Monat Bescheid wissen über die bayerische Pferdeszene in Ihrer Region

Überzeugen Sie sich selbst von den Vorzügen des Magazins - ein **kostenloses Probeheft** liegt für Sie bereit!

PFERDE Die besten Seiten des bayerischen Reitsports – einfach anfordern!

Deutscher Landwirtschaftsverlag GmbH
BAYERNS PFERDE-Leserservice • Lothstraße 29 • D-80797 München
Fax: 089/12705-581 • www.bayernspferde.de

PFERDE-INFO   185

BRANCHEN ABC

Physiotherapie

Dietrich, Tanja
Pferdephysiotherapeutin (ZVK)
87640 Biessenhofen · Falkensteinstr. 9
Telefon: 0 83 41 / 1 32 58

Hippo-Fitness, Winkler Monika
Pferdephysiotherapie, Lehrgänge, Bewegungsgefühl und Gymnastik für Reiter (Kurse und DVD)
71691 Freiberg/N · Charlottenstr. 31
Telefon: 0 71 41 / 79 688 12
Mobil: 0178 / 35 65 666
www.hippo-fitness.de

Güthlein, Stephanie
86356 Neusäss · Kobelstr. 25
Mobil: 0173 / 363 34 54
www.guethlein-pferdetherapie.com

Magnetfelddecken-Verleih
Pferdephysiotherapeutin + Tierheilpraktikerin
Barbara Zuber-Lanzinner
86732 Oettingen
Telefon: 0179 / 2922362

Reiber, Nicole
Pferde- & Tierheilpraktikerin,
Tierphysiotherapie, Therapiestation Sonnenhof
72820 Sonnenbühl · Hauptstr. 60
Mobil: 0172 / 836 98 28
www.phpnicolereiber.de

Stelzer, Jasmin
Praxis für Pferdephysiotherapie
Massage, Akupunktur, Tens, Sportbegleitung
71149 Bondorf · Hainbuchenstr. 12
Telefon: 0151 / 19 43 11 04
www.praxis-fuer-pferdephysiotherapie.de

Ponyzucht

Gestüt Hahnenhof
71566 Althütte · Hahnenhof 4
Telefon: 0 71 83 / 42 84 38
www.bunte-pferde.de

Rechtsanwälte

Güldenpfennig & Güldenpfennig-Hinrichs
Anwälte in Sachen Reiterrecht + Pferderecht
Bundesweit tätig
31785 Hameln
Gröninger Str. 36
Telefon: 0 51 51 / 9 47 30 · Fax: -94 73 36

Schweizer & Burkert Anwaltskanzlei
Wir machen uns stark für Ihre Interessen
rund ums Pferd
70597 Stuttgart · Auf dem Haigst 23
Telefon: 07 11 / 7 26 01 00
www.schweizer-burkert.de

Stelter, Krystina
Tätigkeitsschwerpunkt (allg. Zivilrecht)
Unfallrecht, Strafrecht
81369 München · Karwendelstr. 13 a
Telefon: 089/74747430 · Fax 089/74747431

Reha-Maßnahmen

Back on Track Cetus GmbH
Infrarot-Textilien für mehr Gesundheit
84434 Kirchberg · Einfeld 7
Telefon: 0 87 62 / 72 91 -0
Mobil: 07 76 / 244 064 96
www.back-on-track.de
siehe Anzeige Seite 15

WERBEPARTNER

KHB
Karl Heuschmid Benningen
Herbishofener Straße 13 · 87734 Benningen
Telefon: 08331/82519 · Telefax: 08331/47479
E-Mail: KHB-Heuschmid@t-online.de
www.KHB-Heuschmid.de

- Cavaletti-Blöcke
- Alu-Hindernisse
- Werbe-Hindernisse
- Dressurplatz-Zubehör
- Kunststoffzäune

- Allwetterplätze
- Paddocks, Ausläufe
- Galoppierbahnen
- Reithallenböden
- Reithallen-Spiegel

- Stallgummiböden
- Pferdesolarien
- Führanlagen
- Laufbänder
- Bahnplaner

Traktor mit Schleppe
Wellness-Paddock für glückliche Pferde
Turnierplatz Königsbrunn

equiTERR®

Dressurplätze vom Feinsten!
Dank EquiTerr und KHB

Reitplatz- und Paddockbefestigung

**Fragen Sie nach:
EquiTerr professional
das XXL-Format**
groß – schnell – stabil – sicher

Rudi Widmann, erfolgreicher Grand Prix-Ausbilder   Bild: Dill

ritter
Innovationen aus Kunststoff

Ritter GmbH · Kaufbeurer Straße 55 · 86830 Schwabmünchen
Telefon: 08232 5003-50 · susanne.machan@ritter-online.de

BRANCHEN ABC

Reitanlagenbau

Röwer & Rüb Pferdesportsysteme
27321 Thedinghausen
Syker Str. 205 - 213
Telefon: 0 42 04 / 91 40 - 0
www.roewer-rueb.de
siehe Anzeige Seite 25

Schlosser Holzbau GmbH
Ihren Pferden das Beste
73489 Jagstzell
Industriestraße 17 - 23
Telefon: 0 79 67 / 90 90 0
www.schlosser-reithallen.de
siehe Anzeige Seite 31

Reitbahnpflegegeräte

KHB Heuschmid
87734 Benningen
Herbishofener Str. 13
Telefon 0 83 31 / 8 25 19 · Fax: 4 74 79
www.khb-heuschmid.de
siehe Anzeige Seite 33

Reiterhof

Pferdehof Weller Erlebnis Reiten
Elke Weller Friedenstr. 12
71720 Oberstenfeld/Gronau
Hauptstr. 33 (Stall)
Telefon: 0179 / 94 44 595

Reithallenbau

Röwer & Rüb Pferdesportsysteme
27321 Thedinghausen
Syker Str. 205 - 213
Telefon: 0 42 04 / 91 40 - 0
www.roewer-rueb.de
siehe Anzeige Seite 25

Schlosser Holzbau GmbH
Ihren Pferden das Beste
73489 Jagstzell
Industriestraße 17 - 23
Telefon: 0 79 67 / 90 90 0
www.schlosser-reithallen.de
siehe Anzeige Seite 31

Reithallen-Beregnung

Evers Beregnungstechnik
50452 Köln · Postfach 10 12 06
Telefon: 02 21 / 13 12 99
www.evers-beregnung.de
siehe Anzeige U 4

KHB Heuschmid
87734 Benningen
Herbishofener Str. 13
Telefon: 0 83 31 / 8 25 19 · Fax: 4 74 79
www.khb-heuschmid.de
siehe Anzeige Seite 33

Schöppler
91611 Lehrberg · Birkach 5
Telefon: 0 98 03 / 91 15 88

WERBEPARTNER

ABELE Reitsport
Röhlingen

- Reitstiefel
- Reitbedarf
- Reitbekleidung
- Turnierbedarf
- Stallartikel
- Futtermittel

Sechtaweg 17 · 73479 Ellwangen-Röhlingen
Telefon 0 79 65 - 3 21 · Fax 0 79 65 - 3 29
Reitstiefel-abele@t-online.de

DEUTSCHE REITERLICHE VEREINIGUNG E.V.

Bundesverband für Pferdesport und Pferdezucht
Fédération Equestre Nationale (FN)
48231 Warendorf, Freiherr-von-Langen-Straße 13
Telefon: (0 25 81) 63 62-0
Internet: www.pferd-aktuell.de

Weiland Grünbau

Wir planen und bauen:

Außenplätze in
- Rasen
- Sand

Allwetterbauweise oder naturnahe Bauweise

Hallenreitböden für
- Dressurreiten
- Springreiten

Weiland Lanschaftsgestaltung GmbH
Stabhalterstr. 27 · 68307 Mannheim
Tel.: 06 21 / 77 77 10 · Fax: 06 21 / 77 77 177
www.weiland-mannheim.de

BRANCHEN ABC

Reitplatzbau

equi Terr Ritter GmbH
86830 Schwabmünchen
Kaufbeurer Str. 55
Telefon: 082 32 / 50 03-50 · Fax: -51
www.ritter-online.de
siehe Anzeige Seite 33

KHB Heuschmid
87734 Benningen
Herbishofener Str. 13
Telefon: 0 83 31 / 8 25 19 · Fax: 4 74 79
www.khb-heuschmid.de
siehe Anzeige Seite 33

Otto Reitplatz GmbH
90518 Altdorf · Am Umspannwerk 6
Telefon: 0 91 87 / 9 71 10
www.ottosport.de

Schäfer, Armin GmbH
AS-Klebsand, Ökotrennschicht, Laserplanie
68642 Bürstadt · Außerhalb 7
Telefon: 0 62 06 / 87 53
www.schaefer-reitboden.de
siehe Anzeige Seite 191

Weiland Grünbau GmbH
68307 Mannheim · Stabhalterstr. 27
Telefon: 06 21 / 77 77 10
www.weiland-mannheim.de
siehe Anzeige Seite 189

Reitsportbedarf

Cobra Pferdegerechte Sättel
84061 Ergoldsbach · Einkreut 33
Telefon: 0 87 73 / 70 88 70
Telefax: 0 87 73 / 70 78 70
www.cobrasaettel.de
siehe Anzeige Seite 203

Reitsportgeschäfte

Abele Reitsport
73479 Ellwangen-Röhlich
Sechtaweg 17
Telefon: 0 79 65 / 3 21
siehe Anzeige Seite 189

Bentele Reit- und Fahrsport
88213 Ravensburg
Wernsreute 20
Telefon: 0 75 46 / 6 72
Telefax: 0 75 46 / 13 86
www.bentele-reitbedarf.de

Blank Reitsport
Sattlerei + Reitsportfachgeschäft
73479 Ellwangen-Schrezheim
Fayencestrasse 47
Telefon: 0 79 61 / 27 68
www.reitsport-blank.de
siehe Anzeige Seite 191

Buderer Reitsport
77656 Offenburg-Uffhofen
Platanenallee 11
Telefon: 07 81 / 990 71 94
79331 Teningen-Nimburg
Zeppelinstr. 21
Telefon.: 0 76 63 / 94 20 40
www.reitsport-buderer.de
siehe Anzeige Seite 136

Helferich GdbR
69509 Mörlenbach
Weinheimer Str. 23
Telefon: 0 62 09 / 41 41
www.helferich-gdbr.de

WERBEPARTNER

REITSPORT BLANK
SATTLEREI & REITSPORTFACHGESCHÄFT — GmbH
www.reitsport-blank.de

Fayencestrasse 47
73479 Ellwangen - Schrezheim
Telefon: 07961 - 27 68
Telefax: 07961 - 55 34 0
email: info@reitsport-blank.de

Reitböden
AS-Klebsand
Ökotrennschicht
Laserplanie

Info: Armin Schäfer Kieswerk Bürstadt
Tel. 0 62 06 / 87 53 Fax 0 62 06 / 7 12 04
www.schaefer-reitboden.de

Meisterbetrieb
SATTEL
Die Sattlerei in Ravensburg

Öffnungszeiten:
Mo, Di, Fr 8.00 - 17.00
Mittwoch geschlossen
Donnerstag 8.00 - 18.00
Samstag 8.00 - 13.00 Uhr

Tanja Missalek

Die Sattlerei in Ravensburg · Tanja Missalek
→ Pferdedecken
   Wasch- und Reparaturservice
→ Spezialanfertigungen
→ Reitsportbedarf
→ Reparaturen aller Art
→ Fachkundige Beratung

Schussenstraße 18 · 88212 Ravensburg
Telefon/Fax 0751 / 2 33 87

PFERDE-INFO 191

BRANCHEN ABC

Hopfauf Reitsport
74360 Ilsfeld-Auenstein
Eisenbahnstr. 39
Telefon: 0 70 62 / 67 90 60
www.reitsport-hopfauf.de
siehe Anzeige Seite 193

Kittel, Bärbel
72119 Ammerbuch-Poltringen
Entringer Str. 24
Telefon: 0 70 73 / 34 39

Krämer Mega Store
Schwaben A7/A8 Ausfahrt Langenau
Magirusstraße 23 - 89129 Langenau
Mo. - Fr. 9.00 - 19.00 Uhr
Sa. von 9.00 - 16.00 Uhr

Krämer Pferdesport
Firmenzentrale Hockenheim
4. Industriestraße 1 + 2
68764 Hockenheim-Talhaus
Mo. - Fr. 9.00 - 19.00 Uhr
Sa. von 9.00 - 16.00 Uhr

mi Sattel
Meisterbetrieb, Tanja Missalek
Die Sattlerei in Ravensburg, Reitsportbedarf
88212 Ravensburg · Schussenstraße 18
Telefon: 07 51 / 2 33 87
siehe Anzeige Seite 191

Mrotzek Futtermittel
68623 Lampertheim · Biedensandstr. 24
Telefon: 0 62 06 / 5 51 42 o. 49 11
siehe Anzeige Seite 171

PferdeReiterLand
Auch aus 2. Hand
71229 Leonberg
Römerstr. 34
Telefon: 0 71 52 / 35 51 84
www.pferdereiterland.de

Röhm Reit + Fahrsportartikel
Erste Adresse für den Reit und Fahrsport
74564 Crailsheim
Werner-v.-Siemens-Str. 15
Telefon: 0 7951 - 63 66
info@reitsport-roehm.de
siehe Anzeige Seite 195

Trailrider
Western- & Wanderreitzubehör, Futtermittel
Elke Steeb
72336 Balingen · Waldstetter Str. 12
Telefon: 0 74 33 / 385 255
www.trailrider.de
siehe Anzeige Seite 193

Weidezaunprofi
Reitsport- u. Weidezaunartikel
89423 Gundelfingen · Industriestr. 31
Telefon: 0 90 73 / 39 48
www.weidezaunprofi.de
siehe Anzeige Seite 173

Winkler Reitsport
79540 Lörrach · Baslerstr. 7
Telefon: 0 76 21 / 37 92
www.reitsport-winkler.de

Sattelschränke

Holzhandwerk
Schreinerei Holz Hand Werk
83607 Holzkirchen
Telefon: 0 80 24 / 60 81 53
www.schreinerei-hhw.de

Sellaport Sattelschränke
Telefon: 0800-SellaPort

WERBEPARTNER

WWW.TRAILRIDER.DE
Elke.Steeb@Trailrider.de

Western- & Wanderreitzubehör
Sattelmobil & Futtermittel

Packsättel & Pferdeanhänger
Verkauf und Verleih

*Professionelle Beratung:
Auch bei Ihnen Zuhause!*

TRAIL RIDER
- ELKE STEEB · DIPLOM REITPÄDAGOGIN -

Waldstetter Straße Nr. 12	Telefon: 07433/385255
72336 Balingen-Frommern	Fax: 07433/385254

www.pferdeinfo.com

Reitsport Hopfauf

Reitsportartikel aller Art

preiswert
&
mit Beratung

www.reitsport-hopfauf.de

Öffnungszeiten
Mo - Fr
9.00 - 12.30 Uhr
14.00 - 18.00 Uhr
Sa
9.00 - 13.00 Uhr

Eisenbahnstr. 39
74360 Ilsfeld - Auenstein

Fon 0 70 62 - 67 90 60
Fax 0 70 62 - 67 90 62
mobil 01 72 / 6 31 35 78

Ausstattung für Reiter & Pferd | Unser mobiler Verkaufsstand | Alles für die Pflege

alles für Reiter & Pferd - auf 250 qm
Gewerbegebiet Auenstein West 500 Meter von der A 81 Ausfahrt Ilsfeld Richtung Beilstein

PFERDE-INFO

BRANCHEN ABC

Sättel/Sattlereien

Bentaiga
Stil- & Sinnvolles für die klassische, barocke & iberische Reitweise – Kostenfreie Sattelanproben –
84072 Au · Am Galgenberg 5 · Kein Ladengeschäft
Tel.: 08752/810253 · Mobil: 0172 / 89 25837
info@bentaiga.com · www.bentaiga.com

Blank Reitsport
Sattlerei + Reitsportfachgeschäft
73479 Ellwangen - Schrezheim
Fayencestrasse 47
Telefon: 0 79 61 / 27 68
www.reitsport-blank.de
siehe Anzeige Seite 191

Buderer Reitsport
77656 Offenburg-Uffhofen
Platanenallee 11
Telefon: 07 81 / 990 71 94
79331 Teningen-Nimburg
Zeppelinstr. 21
Telefon.: 0 76 23 / 94 20 40
www.reitsport-buderer.de
siehe Anzeige Seite 136

Cobra Pferdegerechte Sättel
84061 Ergoldsbach · Einkreut 33
Telefon: 0 87 73 / 70 88 70
Telefax 0 87 73 / 70 78 70
www.cobrasaettel.de
siehe Anzeige Seite 203

County Saddlery
Jörg Wittmann Repräsentant der County Saddlery England, Certified Saddle Fitter (Master Saddlers Association USA)
Fachberater (FN) für Reitsportausrüstung
Mobil: 0172 / 6 30 41 92
www.county-saettel.de

Day's Cowboy Headquarters
Groß- und Einzelhandels Import
72535 Heroldstatt
Blaubeurer Weg 14
Telefon: 0 73 89 / 9 02 90
www.w-day.de
siehe Anzeige Seite 201

Helferich GdbR
69509 Mörlenbach
Weinheimer Str. 23
Telefon: 0 62 09 / 41 41
www.helferich-gdbr.de

Iberosattel GmbH & Co KG
92342 Freystadt
Möningerberg 1 a
Telefon: 0 91 79 / 27 47
Telefax: 0 91 79 / 90 522
www.iberosattel.de e-mail: info@iberosattel.de

mi Sattel
Meisterbetrieb, Tanja Missalek
Die Sattlerei in Ravensburg, Reitsportbedarf
88212 Ravensburg · Schussenstraße 18
Telefon: 07 51 / 2 33 87
siehe Anzeige Seite 191

Röhm Reit + Fahrsportartikel
Erste Adresse für den Reit- und Fahrsport
74564 Crailsheim
Werner-v.-Siemens-Str. 15
Telefon: 0 7951 / 63 66
info@reitsport-roehm.de
siehe Anzeige Seite 195

WERBEPARTNER

Crailsheim
&
Ansbach

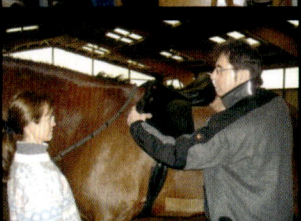

THOMAS RÖHM
Reit und Fahrsportartikel

Öffnungszeiten
Mo - Fr. 8.00 - 18.30 Uhr
Do. 8.00 - 20.00 Uhr
Sa. 9.00 - 13.00 Uhr

Unser TOP Service vom Sattlermeister:
- Probereittermine vor Ort
- anatomisch korrekte Neuanpassung und Umarbeitung von Neu- und Gebrauchtsätteln
- Problemberatung, gerne auch in Zusammenarbeit mit Ihrem Tierarzt oder Physiotherapeuten
- Sattelreparaturen

RÖHM - Ihre erste Adresse für den
Reit und Fahrsport
denn
RÖHM - bietet Ihnen Kompetenz
Innovation und Perfektion

Pferdeausrüstung aus eigener Herstellung
Sonder-, Maß- Spezialanfertigungen
Reparaturen
Trekking- und Westernartikel
Moderne Reit-,
Freizeit- & Fahrsportbekleidung

Werner-von-Siemens-Str. 15
74564 Crailsheim
Tel. 0 79 51 - 63 66

Filiale "Hufeisen"
Würzburger Str. 44
91522 Ansbach
Te. 0 9 81 - 13 5 70

Reit und Fahrsportartikel e.K. Thoms Röhm
Werner v. Siemens-Str. 15 , 74564 Crailsheim
Tel. 0 79 51 - 63 66   Fax 0 79 51 - 42 08 5
info@reitsport-roehm.de

PFERDE-INFO

BRANCHEN ABC

Torsion® mobil & 2. hand
Der baumlose Distanzsattel aus Italien – das Original: Bewegung in der 4. Satteldimension! Neue und gebrauchte Torsion®-Sättel, Beratung und Betreuung auch am Pferd.
Tel.: 0179 / 96 04 911 o. 0 62 91 / 41 57 80

Trailrider
Western- & Wanderreitzubehör, Futtermittel
Elke Steeb
72336 Balingen · Waldstetter Str. 12
Telefon: 0 74 33 / 385 255
www.trailrider.de

Zeitler Sport + Freizeit
Massimo ...mehr, als ein Sattel
41844 Wegberg
Buchholzer Str. 17
Telefon: 0 24 31 / 98 06 06
www.massimo-der-sattel.de
siehe Anzeige Seite 11

Schau-Auftritte

Ellinger Ausbildungsstall
71540 Murrhardt · Käsbach 35
Telefon: 0 71 92 / 2 08 30
www.dressur-design.de

Second Hand

Kittel, Bärbel
72119 Ammerbuch-Poltringen
Entringer Str. 24
Telefon: 0 70 73 / 34 39

Stallbau

Röwer & Rüb Pferdesportsysteme
27321 Thedinghausen
Syker Str. 205 - 213
Telefon: 0 42 04 / 91 40 - 0
www.roewer-rueb.de
siehe Anzeige Seite 25

Schlosser Holzbau GmbH
Ihren Pferden das Beste
73489 Jagstzell
Industriestraße 17 - 23
Telefon: 0 79 67 / 90 90 0
www.schlosser-reithallen.de
siehe Anzeige Seite 31

Stallzubehör

KHB Heuschmid
87734 Benningen
Herbishofener Str. 13
Telefon: 0 83 31 / 8 25 19 · Fax: 4 74 79
www.khb-heuschmid.de
siehe Anzeige Seite 33

Weidezaunprofi
Reitsport- u. Weidezaunartikel
89423 Gundelfingen · Industriestr. 31
Telefon: 0 90 73 / 39 48
www.weidezaunprofi.de
siehe Anzeige Seite 173

WERBEPARTNER

Farrier's Formula®

The Original
Hoof Supplement since 1983

Life Data Labs
Forschungslabor

Life Data Labs
Forschungsfarm

Life Data Labs
Produktionsanlage

Dr. Frank Gravlee, Gründer von Life Data Labs, entwickelte Farrier's Formula.

FARRIER'S FORMULA®
Das Zusammenwirken von ausbalancierten natürlichen Inhaltsstoffen fördert ein gesundes Hufwachstum.

LIFE DATA HOOF DISINFECTANT™
Zerstört die Bakterien, die Strahlfäule und Erkrankungen der Weißen Linie verursachen.

THE RIGHT STEP®
Dringt in die Hufwand ein und hält den Huf elastisch, ohne schädliche Rückstände zu hinterlassen.

Sprechen Sie mit Ihrem Tierarzt oder Hufschmied oder wenden Sie sich an

Karen Zetsche
Commercial Agent für Life Data Labs
www.lifedatalabs.de

Tel +49 (0) 40/86 62 92 25
Fax +49 (0) 40/86 62 39 98
kzetsche@lifedatalabs.de

Life Data
L A B S, I N C.

BRANCHEN ABC

Therapeutisches Reiten

Aßmus Ranch
74189 Weinsberg · Reitanlage Weißenhof
Telefon: 0 71 34 / 90 16 59

Gehring Pferdepension
79224 Umkirch · Im Fuchsloch
Telefon: 0 76 65 / 79 34
www.franz-gehring.de

Heberle Reitstall Heilpädagogisches Reiten
88299 Leutkirch i.Allg.
Emerlandener Mühle 10
Telefon: 0 75 67 / 18 24 188
www.hipparion.de

Kretschmer Indianischer Reitstall
indianisches, gewaltfreies Reiten
71691 Freiberg · Kugelbergstr. 30
Telefon: 0170 / 244 42 53
Telefax: 0 71 44 / 28 31 83
carmencitak@web.de

Kümmerle's Birkenhof
74193 Schwaigern · Birkenhöfe 1
Telefon: 0 71 38 / 61 97

Lakö Reitschule
68229 Mannheim · Marderweg 50
Telefon: 06 21 / 47 31 62

Pferdehof Schönblick
71254 Ditzingen/Hirschlanden
Telefon: 0 71 56 / 17 48 74

Riegger Weiss Ausbildungsstall
73453 Abtsgmünd · Brandhof
Telefon: 0171 / 480 96 89
www.rieggerweiss.de

Team Lämmle
79341 Kenzingen
Franzosenstraße 18
Telefon: 0 76 44 / 93 13 68
www.reitsportzentrum-kenzingen.de

Therapie- und Reitstall
Palm Uta
Diplom Reitpädagogin für Psychomotorik
und Motopädagogik, Sozialtherapie am Pferd
68623 Lampertheim · Sauerngasse
Telefon: 0172 / 6700237

Tierärzte

Dr. Adamo, Eberhard
Dr. Sichert, Jan-A.
Tierärztliche Klinik für Pferde
89275 Elchingen
Weissingerstraße 25
Telefon: 0 73 08 / 92 20 60
www.tierklinik-elchingen.de
siehe Anzeige Seite 199

Dr. Assmann, Gerhard
Fachtierarzt für Pferde
Tierärztliche Klinik für Pferde
88145 Opfenbach · Mannsnetterstr. 28
Telefon: 0 83 85 / 9 22 00
siehe Anzeige Seite 199

Dr. Bayer, Marcus
Dr. Horstmann, Wigo
Tierärztliche Klinik Ludwigshafen
67067 Ludwigshafen
Breite Str. 141
Telefon: 06 21 / 55 89 07
www.pferdeklinik-bayer-horstmann.de
siehe Anzeige Seite U 3

WERBEPARTNER

TIERÄRZTLICHE FACHKLINIK FÜR PFERDE
TIERÄRZTLICHE PRAXIS FÜR KLEINTIERE
Elchingen

Dr. Eberhard Adamo
Chiropraktik & Betreuung
Von Pferdesportveranstaltungen

Dr. Jan-A. Sichert
Fachtierarzt für Pferde
Fachtierarzt für Chirurgie

Dr. Claudia Adamo
Kleintiere

unsere Leistungen:

- Digitales Röntgen
- Digitale Endoskopie
- Lasertherapie
- Sonographie
- Arthroskopie
- Alle Standardoperationen
- Ambulante & stationäre Versorgung

Anschrift:

Tierklinik Elchingen
Weissingerstaße 25
89275 Elchingen
Telefon 07308-922060
Telefax 07308-922062
info@tierklinik-elchingen.de
www.tierklinik-elchingen.de

24-Stunden-Notdienst für Pferde & Kleintiere

Tierärztliche Klinik für Pferde
Gerhard Assmann
Fachtierarzt für Pferde

Mannsnetterstraße 28 · 88145 Opfenbach
Tel.: 0 83 85 / 9 22 00 · Fax 0 83 85 / 92 20 20

24 h Notdienst · konservative/chirurgische Kolikbehandlung · Intensivmedizin
Unfallchirurgie · internistische/orthopädische Diagnostik · Reheforschung und Behandlung ·
ambulante und stationäre Betreuung · künstliche Besamung

WWW.
tierarzt-roeckl.de

Dr. med. vet.
Andreas Roeckl
Fachtierarzt für Pferde
Pferde- und Kleintierpraxis

Zollhäusleweg 3 / Zollhaus
78052 Villingen-Schwenningen
Tel. 0 77 21 / 206 19 30
Fax 0 77 21 / 206 19 34
www.tierarzt-roeckl.de

BRANCHEN ABC

Dr. Berg, K. M.
Pferdeklinik Häussermann
74177 Bad Friedrichshall
Riedweg 15
Telefon: 0 71 36 / 50 55
siehe Anzeige Seite 181

Dr. Maiwald-Gindhart, Elke
Tierärztin für Pferde
71409 Schwaikheim
Ludwigsburgerstr. 21/1
Telefon: 0 71 95 / 57 065

Dr. Ohrt-Volkert, Sabine
prakt. Tierärztin
79211 Denzlingen
Thüringer Str. 7
Telefon: 0 76 66 / 78 68
Telefax: 0 76 66 / 46 43

Pferdeklinik am Ried
89129 Langenau · Dieselstr. 11
Telefon: 0 73 45 / 23 75 66
www.pferdeklinik-am-ried.com
siehe Anzeige Seite 181

Dr. Roeckl, Andreas
Fachtierarzt für Pferde
Pferde- und Kleintierpraxis
78052 Villingen-Schwenningen
Zollhäusleweg 3 / Zollhaus
Telefon: 0 77 21 / 206 19 30
www.tierarzt-roeckl.de
siehe Anzeige Seite 199

Dr. Reusch, Achim med. vet.
72581 Dettingen/ Erms · Raiffeisenstr. 7
Telefon: 0 71 23 / 97 27 37
Telefax: 97 27 39
Auto: 0170 / 3 80 11 02

Tierarztpraxis Wilhelmshof
Fachtierärzte für Pferde und Chirurgie
74321 Bietigheim-Bissingen
Wilhelmshof 2/1
Telefon: 0 71 42 / 55 99 4
www.tierarztpraxis-wilhelmshof.de

Dr. Zuck, S. & Dr. Ehrenfels, Y.
Tierärztliche Gemeinschaftspraxis
68526 Ladenburg
Neubotzheim 4
Telefon: 0 62 03 / 10 74 77
Telefax: 0 62 03 / 96 10 20

Tierheilkunde

Gorgs, Gabi
Energetische Osteopathie, Manuelle Therapie
Akupunktur, Bioresonanztherapie, Homöopathie
78315 Radolfzell · Finkenstr. 4
Telefon: 0 77 32 / 95 00 81
Mobil: 0160 / 94 98 43 06
therapie@gabigorgs.de
siehe Anzeige Seite 183

Hahlweg, Julia Melanie
Tierheilpraxis für Pferde
71263 Weil an der Stadt
Hohenzollernstr. 9
Telefon: + 49 (0)70 33 / 46 40 91
www.tierheilpraxis-fuer-pferde.de
siehe Anzeige Seite 179

WERBEPARTNER

Day's Cowboy Headquarters

Wolfgang Day
Groß- und Einzelhandel Import

Foto: horse & light

"Erfolg heißt für mich, nichts dem Zufall überlassen: Ein zuverlässiges, athletisches Pferd. Ein Training das alle Eventualitäten berücksichtigt und best möglich passendes Equipment. Wir lassen unsere Sättel schon immer von Day's Cowboy Headquarter anpassen!" — Jürgen Pieper

Blaubeurer Weg 14
D-72535 Heroldstatt
Tel.: 0 73 89/ 9 02 90
Fax: 0 73 89/ 9 02 92

Internet: www.w-day.de
Email: info@w-day.de

Remser Straße 7
D-70736 Fellbach-Oeffingen
Tel.: 0 7 11/ 51 60 36 4
Fax: 0 7 11/ 51 74 39 5

Öffnungszeiten: Di.-Fr. 14.00-19.00 Uhr, Do. 14.00-20.00 Uhr, Sa. 9.30-14.00 Uhr

BRANCHEN ABC

Tierheilpraktiker

Reiber Nicole
Pferde- & Tierheilpraktikerin,
Tierphysiotherapie, Therapiestation Sonnenhof
72820 Sonnenbühl, Hauptstr. 60
Mobil: 0172 / 836 98 28
www.phpnicolereiber.de

Richter, Kerstin
Naturheilpraxis für Pferde
Akupunktur, Homöopathie, Phyto u.a.
75449 Wurmberg · Seehausstr. 25
Telefon: 0 70 44 / 900 257
Mobil: 0176 / 24 79 58 07

Tiermedizin

Marquis Tiermedizintechnik
www.marquis-vetc.de

Turnierbekleidung

Cobra Pferdegerechte Sättel
84061 Ergoldsbach · Einkreut 33
Telefon: 0 87 73 / 70 88 70
Telefax: 0 87 73 / 70 78 70
www.cobrasaettel.de
siehe Anzeige Seite 203

Turnierservice

Grabmayer
Vorbereitung, Abwicklung, Nachbearbeitung
86706 Weichering · Weiherstr. 9
Telefon: 0 84 54 / 911 425
www.grabmayer.de

Verbände

Deutsche Reiterliche Vereinigung e.V.
Telefon: 0 25 81 / 63 62-0
www.pferd-aktuell.de

Pferdesportverband Baden-Württemberg
70806 Kornwestheim · Murrstr. 1/2
Telefon: 0 71 54 / 83 28-0
www.pferdesport-bw.de

Pferdezuchtverband Baden-Württemberg
70190 Stuttgart · Heinrich-Baumann-Str. 1-3
Telefon: 0711 / 166 55 01
www.pzv-bw.de

Verband der Pferdezucht Niederbayern/Oberpfalz
84034 Landshut · Klötzmüllerstr. 1
Telefon: 08 71 / 6 90 74

Verband der Pferdesportvereine Oberbayern e.V.
81929 München · Landshamerstr. 11
Telefon: 0 89 / 94 40 13 02 · Fax: 906614

WERBEPARTNER

cobra®

Die individuellen Sattelprogramme

cobra®
Maßsattel

Amerigo
Maßkonfektion

vega
Im Fachhandel

www.cobrasaettel.de

cobra Tel: 08773 - 708870, Fax: 08773 - 707870
Pferdegerechte Sättel, Einkreut 33, 84061 Ergoldsbach

BRANCHEN ABC

Versicherungen

Tierversicherungen Michiels
1 + Drei = 4 auf einen Streich, unser preisreduziertes Bündel "Pferd + Reiter sicher"
41849 Wasserberg
Charles-Lindbergh-Str. 60
Telefon: 0 24 32 / 70 36
www.tier-und-halter.de
siehe Anzeige Seite 43

Uelzener Versicherungen
Generalagentur Hans J. Ulbrich
Alle Versicherungen rund um das Pferd
71691 Freiberg a.N. · Ludwigsburger Str. 55
Telefon: 0 71 41 / 75 500
www.Pferd24.net

Westernreitsportbedarf

Day's Cowboy Headquarters
Groß- und Einzelhandels Import
72535 Heroldstatt
Blaubeurer Weg 14
Telefon: 0 73 89 / 9 02 90
www.w-day.de
siehe Anzeige Seite 201

Way Out West
Sattelanproben bundesweit
Telefon: 0 21 91 / 4 69 66-0
www.wayoutwest.de

---

cobra®
Pferdegerechte Sättel
www.cobrasaettel.de
Die innovativen Sattelprogramme
cobra® Amerigo vega
für Sport und Freizeit!
Einkreut 33, 84061 Ergoldsbach, Tel. 08773/708870, Fax: 08773/707870

Geschenktip!
www.equi-art.de
Tierzeichnungen nach Foto
Portraits Körperstudien Ganzkörperzeichnungen
Kreatives rund um Pferde und Reitsport
Logo Banner Visitenkarten Flyer
Dipl.Designerin Kerstin Gburek-Bahr
08145 - 92 80 84

WERBEPARTNER

Hier wird Ihr Kauf zum Erlebnis!

- Fachberatung durch Spezialisten
- Auswahl mit Weltniveau für Freizeitreiter und Profis
- Aktuelle Reitmode
- Markensättel
- Sattelanprobe vor Ort
- Geschirre und Zubehör
- Pferdeanhänger-Ausstellung (Leasing + Kauf)
- Western-Store
- Islandpferde-Shop
- Decken-Wasch-Service
- Ständig Aktionen
- Reiterbar
- 100 kostenlose Parkplätze

Krämer

Tel.: 01 80 / 5 94 94 00
Fax: 01 80 / 5 94 94 88
info@kraemer-pferdesport.de
www.kraemer-pferdesport.de

Problemlos anzufahren, da direkt neben der Autobahn gelegen:
Hockenheim-Talhaus
A 6 – Ausfahrt ㉙ Schwetzingen/Hockenheim
A 61 – Ausfahrt �64 Hockenheim

Firmenzentrale Hockenheim · 4. Industriestraße 1 + 2 · 68764 Hockenheim-Talhaus

NEU! Jetzt auch in Schwaben!

MEGA STORE
SCHWABEN A7/A8
AUSFAHRT LANGENAU

Problemlos anzufahren, da direkt neben der Autobahn gelegen:
MEGA STORE Schwaben A 7 / A 8 –
A 7 Ausfahrt ⓛ⓵⓽ Langenau
(4 km vom Kreuz Ulm/Elchingen)
Richtung Gewerbegebiet An der Autobahn

ab April 2006

MEGA STORE Schwaben A7 / A8 · Magirusstraße 23 · 89129 Langenau

■ Mo. - Fr. von 9.00 - 19.00 Uhr, Sa. von 9.00 - 16.00 Uhr

NOTIZEN

NOTIZEN

WERBEPARTNER

Hier wird Ihr Kauf zum Erlebnis!

- Fachberatung durch Spezialisten
- Auswahl mit Weltniveau für Freizeitreiter und Profis
- Aktuelle Reitmode
- Markensättel
- Sattelanprobe vor Ort
- Geschirre und Zubehör
- Pferdeanhänger-Ausstellung (Leasing + Kauf)

- Western-Store
- Islandpferde-Shop
- Decken-Wasch-Service
- Ständig Aktionen
- Reiterbar
- 100 kostenlose Parkplätze

Krämer

Tel.: 01 80 / 5 94 94 00
Fax: 01 80 / 5 94 94 88
info@kraemer-pferdesport.de
www.kraemer-pferdesport.de

Problemlos anzufahren, da direkt neben der Autobahn gelegen:
Hockenheim-Talhaus
A 6 – Ausfahrt ㉙ Schwetzingen / Hockenheim
A 61 – Ausfahrt ㉞ Hockenheim

Firmenzentrale Hockenheim · 4. Industriestraße 1 + 2 · 68764 Hockenheim-Talhaus

NEU! Jetzt auch in Schwaben!

MEGA STORE
SCHWABEN A7/A8
AUSFAHRT LANGENAU

Problemlos anzufahren, direkt neben der Autobahn gelegen:
MEGA STORE Schwaben A 7 / A 8 –
A 7 Ausfahrt ⑲ Langenau
(4 km vom Kreuz Ulm/Elchingen)
Richtung Gewerbegebiet An der Autobahn

ab April 2006

MEGA STORE Schwaben A7 / A8 · Magirusstraße 23 · 89129 Langenau

Mo. - Fr. von 9.00 - 19.00 Uhr, Sa. von 9.00 - 16.00 Uhr